O Meu Gatinho
- Livro para Colorir -

40 adoráveis páginas
para colorir gatos para
adultos

O Meu Gatinho
- Livro para Colorir -

Preparámos estas páginas
para colorir de gatinhos fofos
a brincar e em várias
actividades para seu
relaxamento e diversão

Esperamos que gostes de
colorir estas páginas e que te
divirtas muito

Se gostar deste livro, por
favor, considere deixar-nos
um comentário. Agradecemos
todas as críticas que
recebemos e isso ajudar-nos-
á a trazer melhores livros
para si e a chegar a mais
pessoas!

Alice Bennett
&
A equipa da InkZ Co.

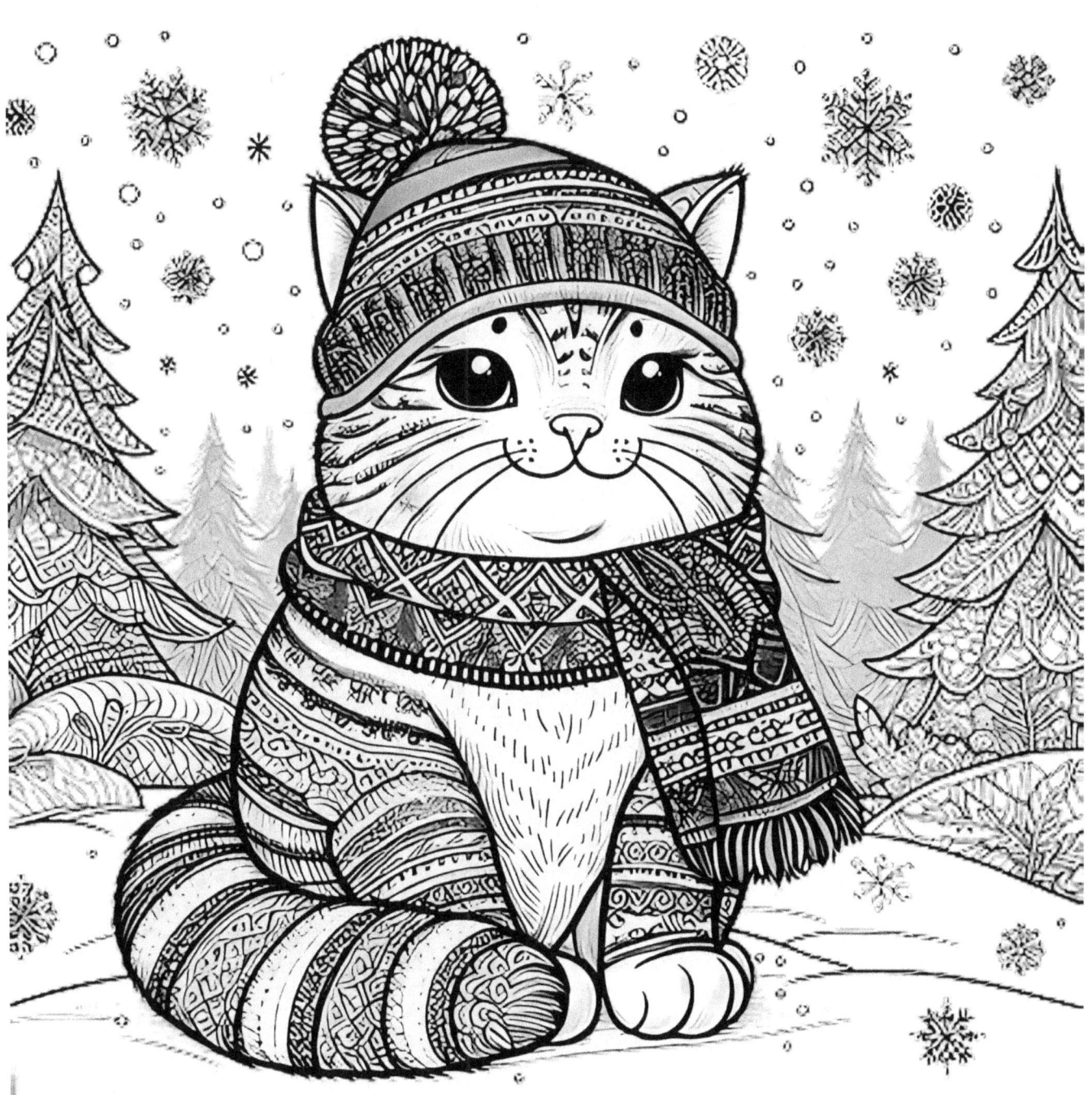

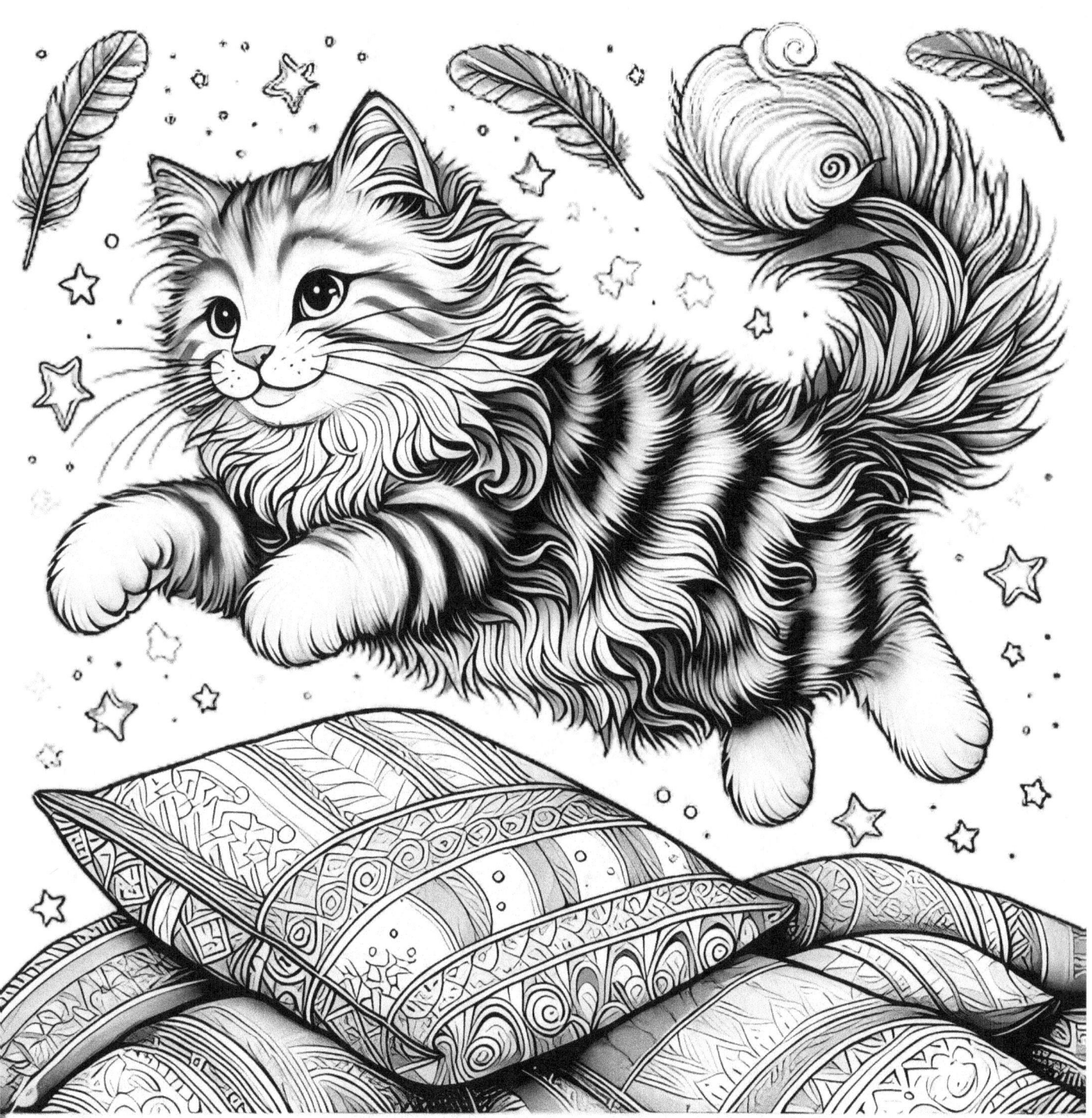

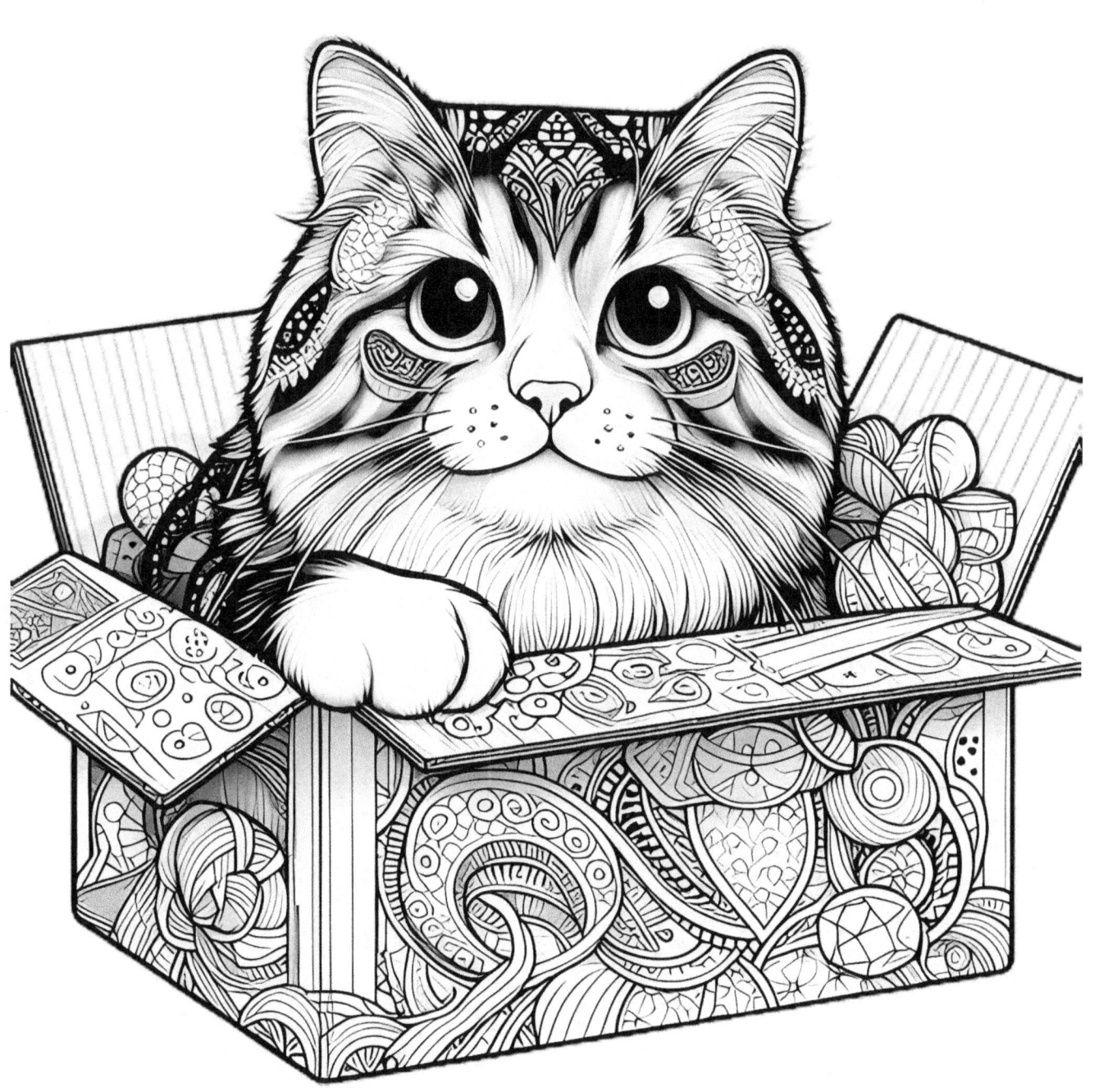

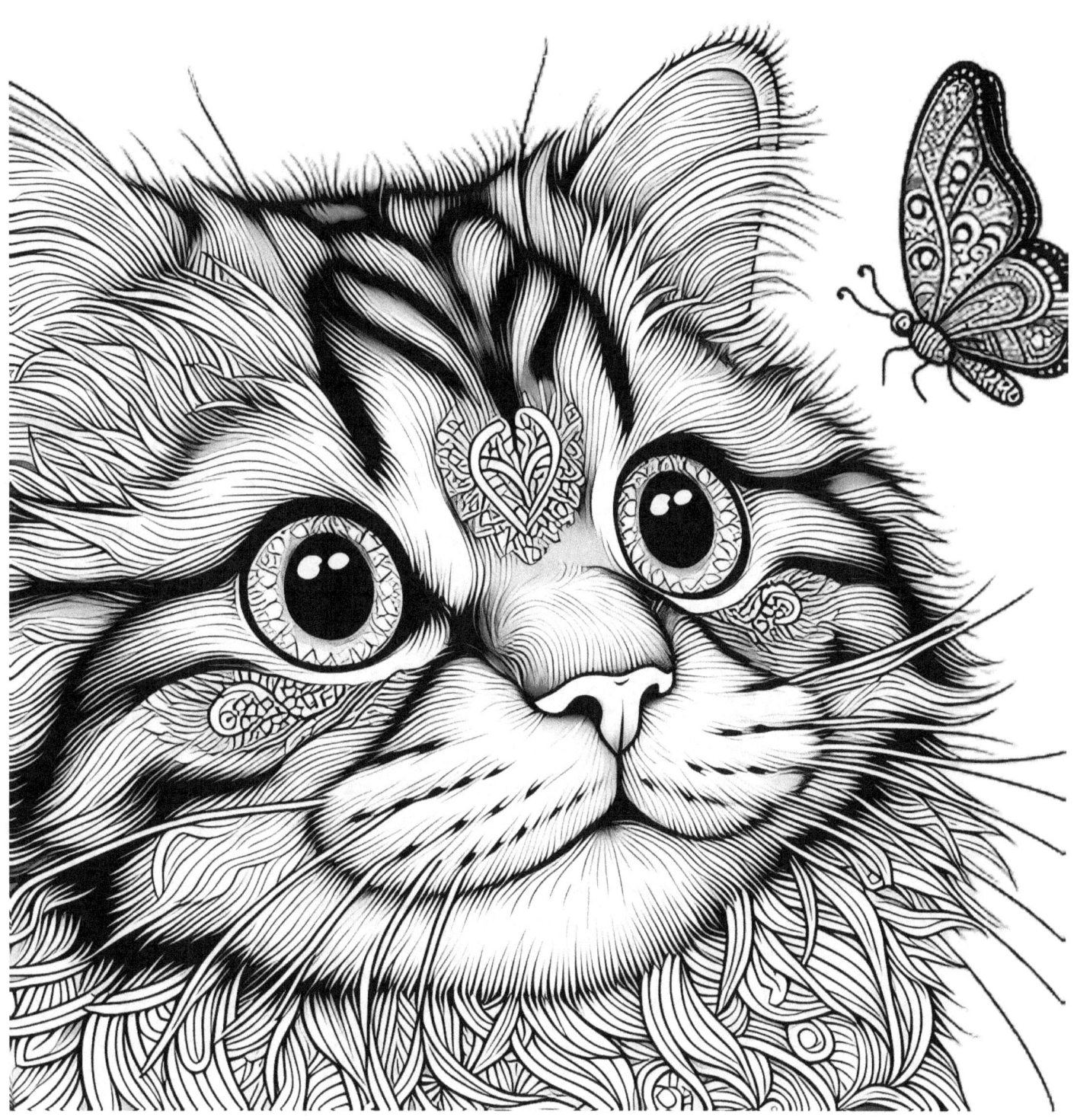

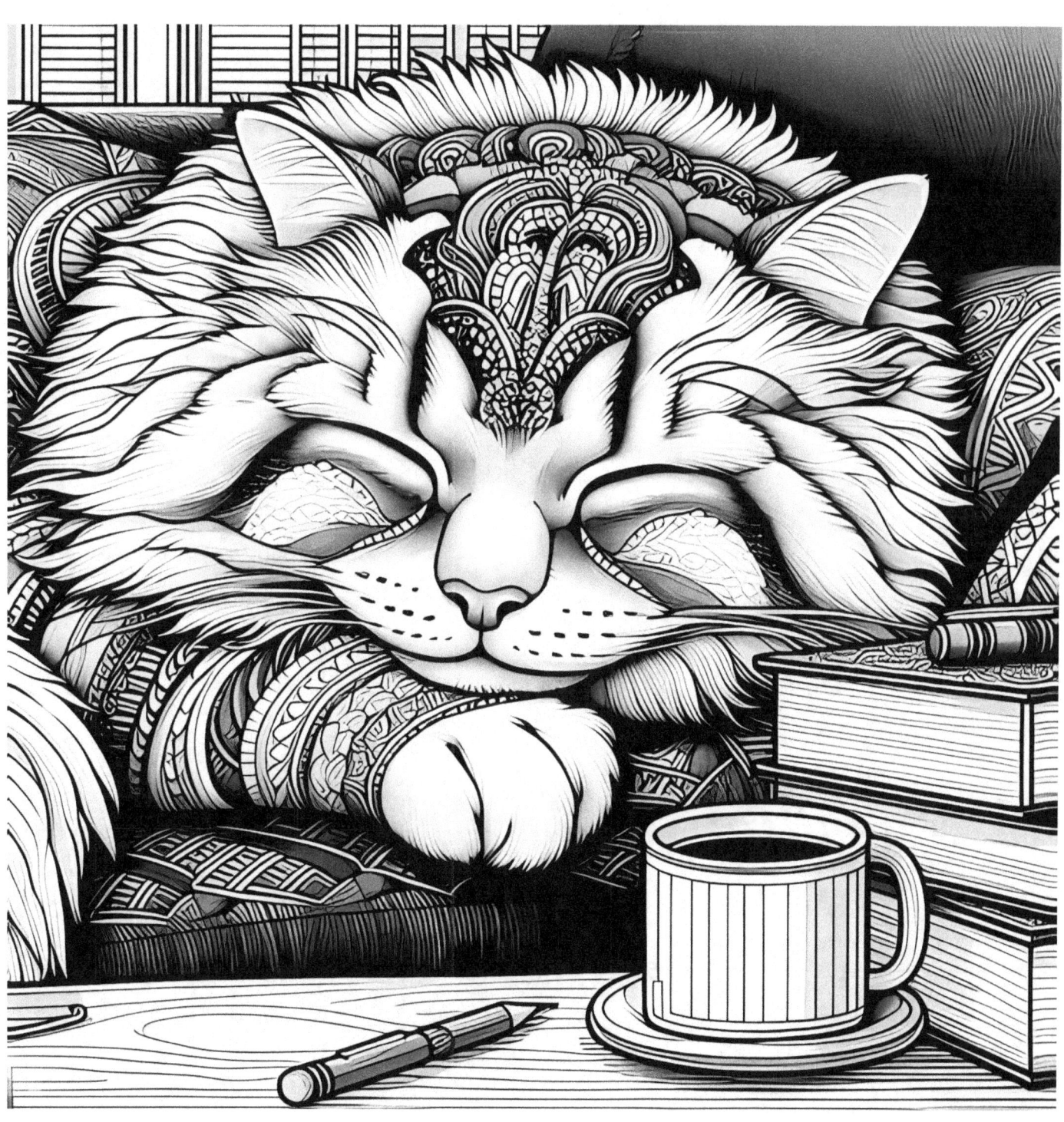

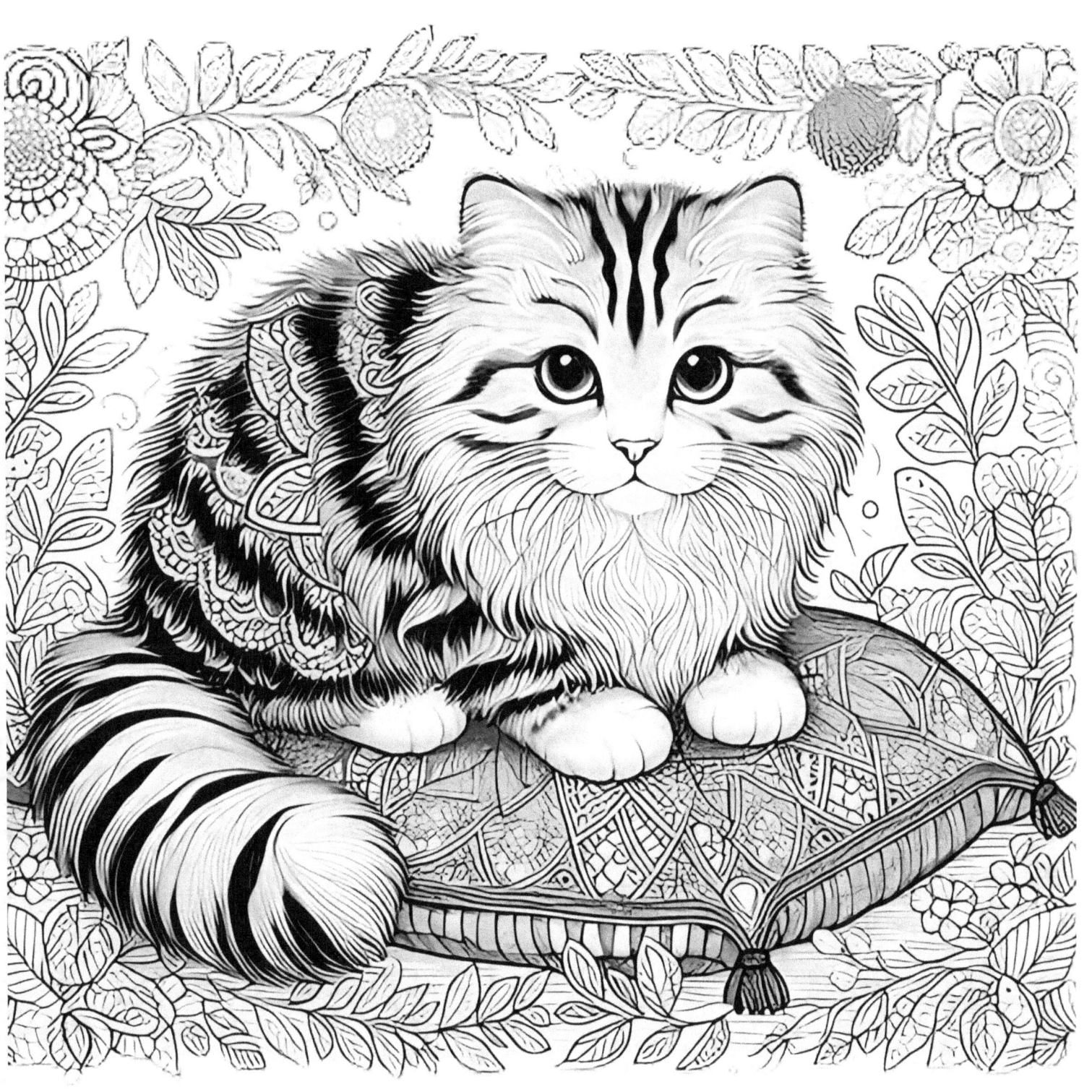

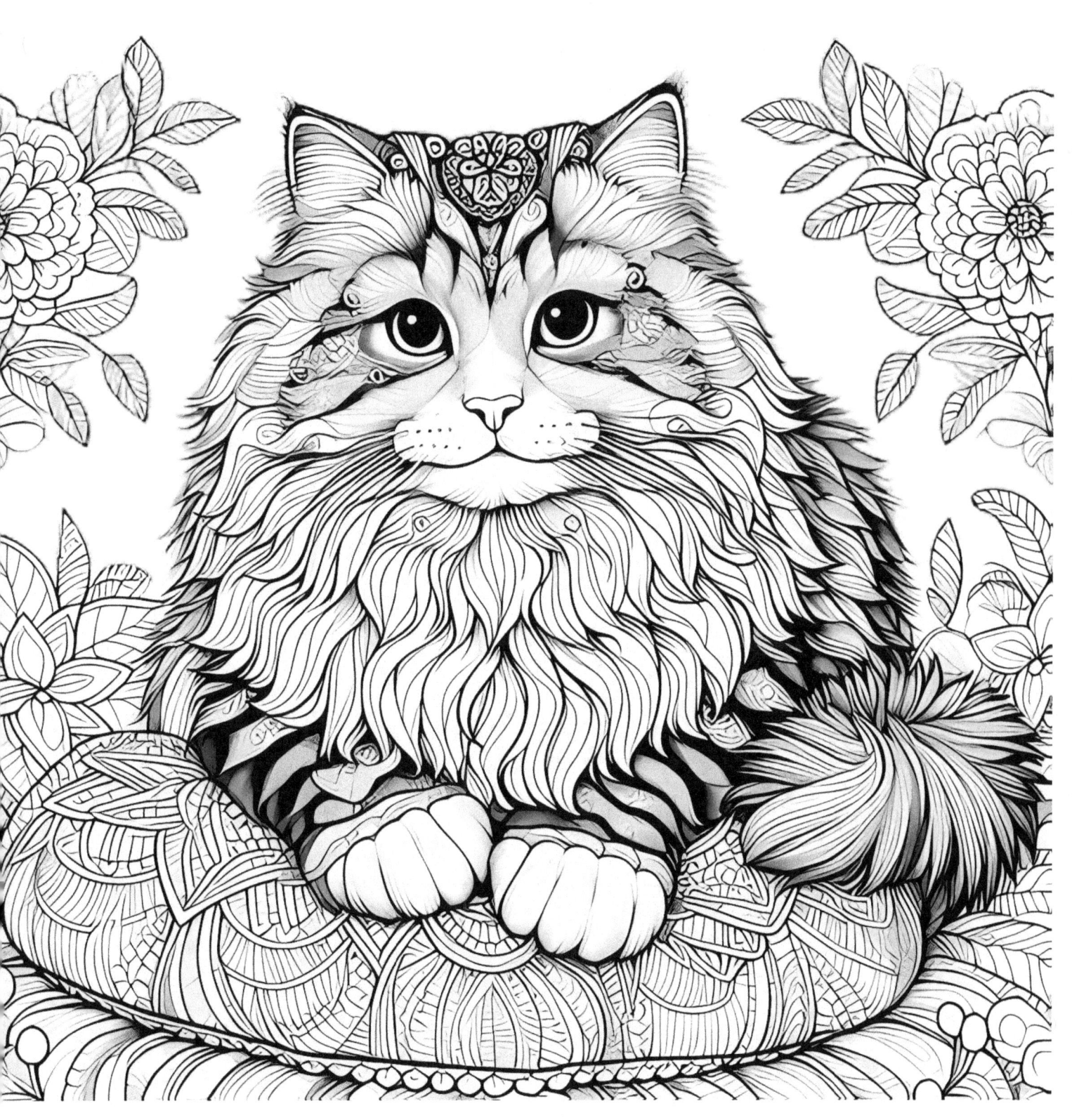

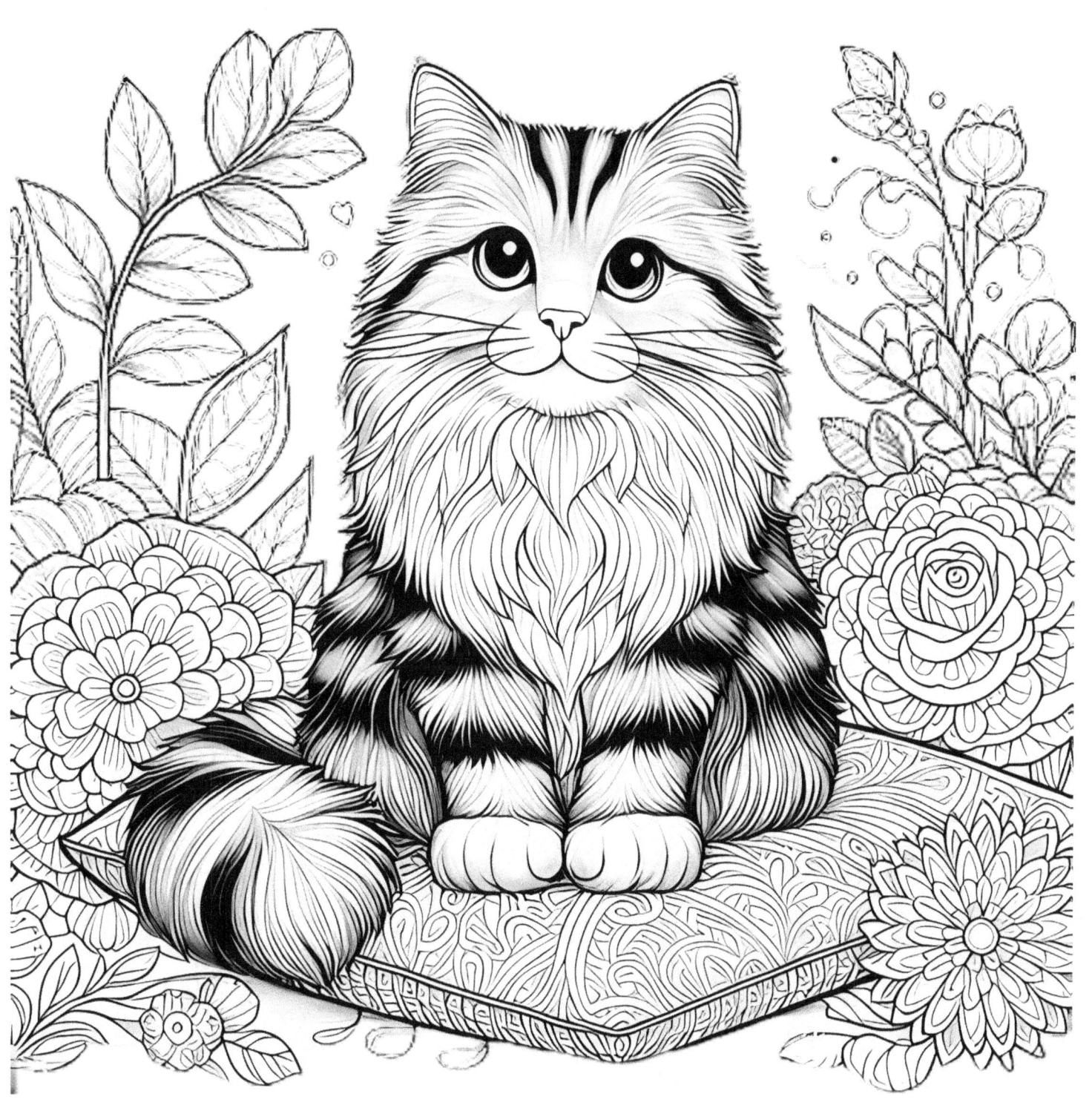

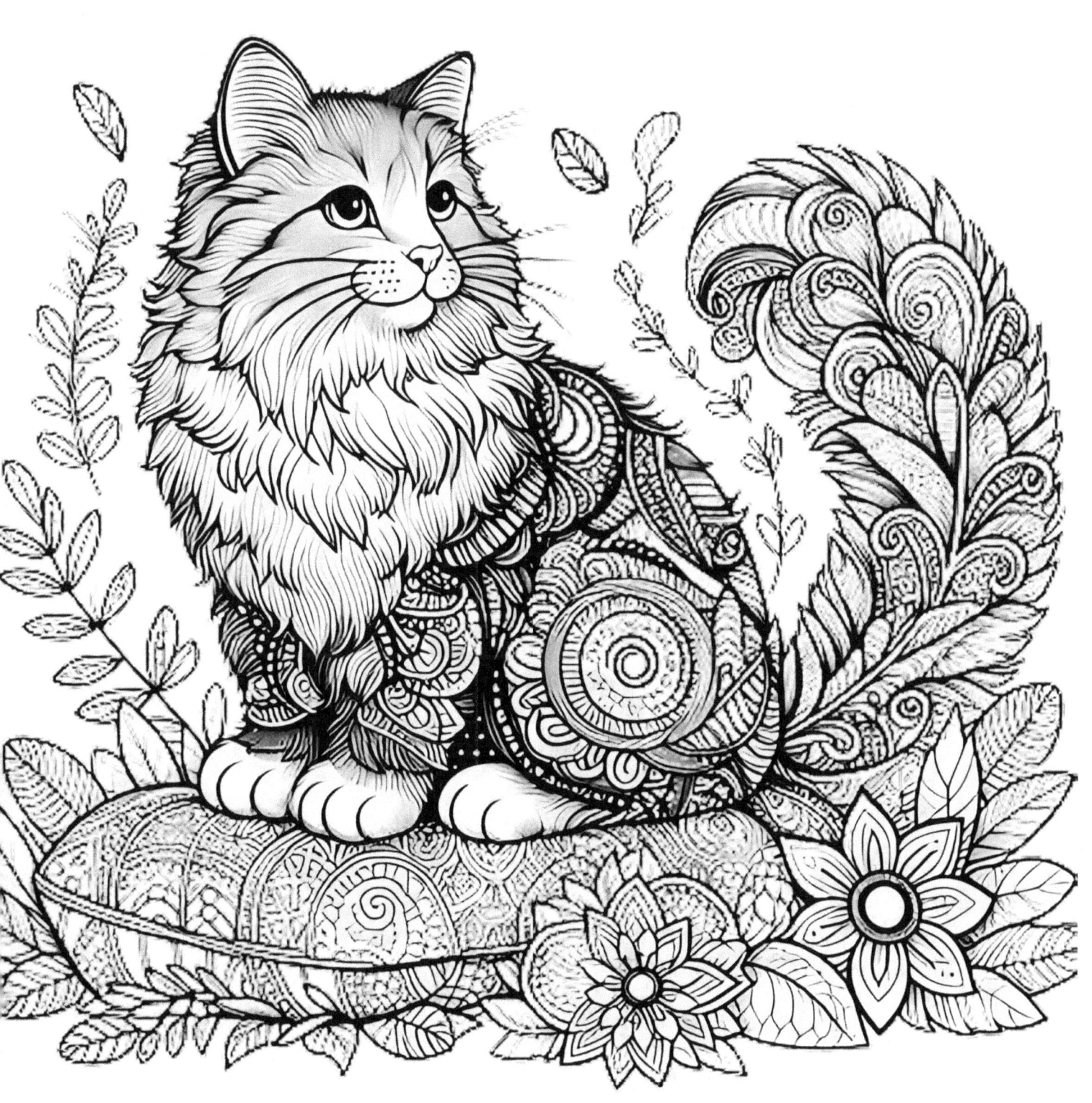

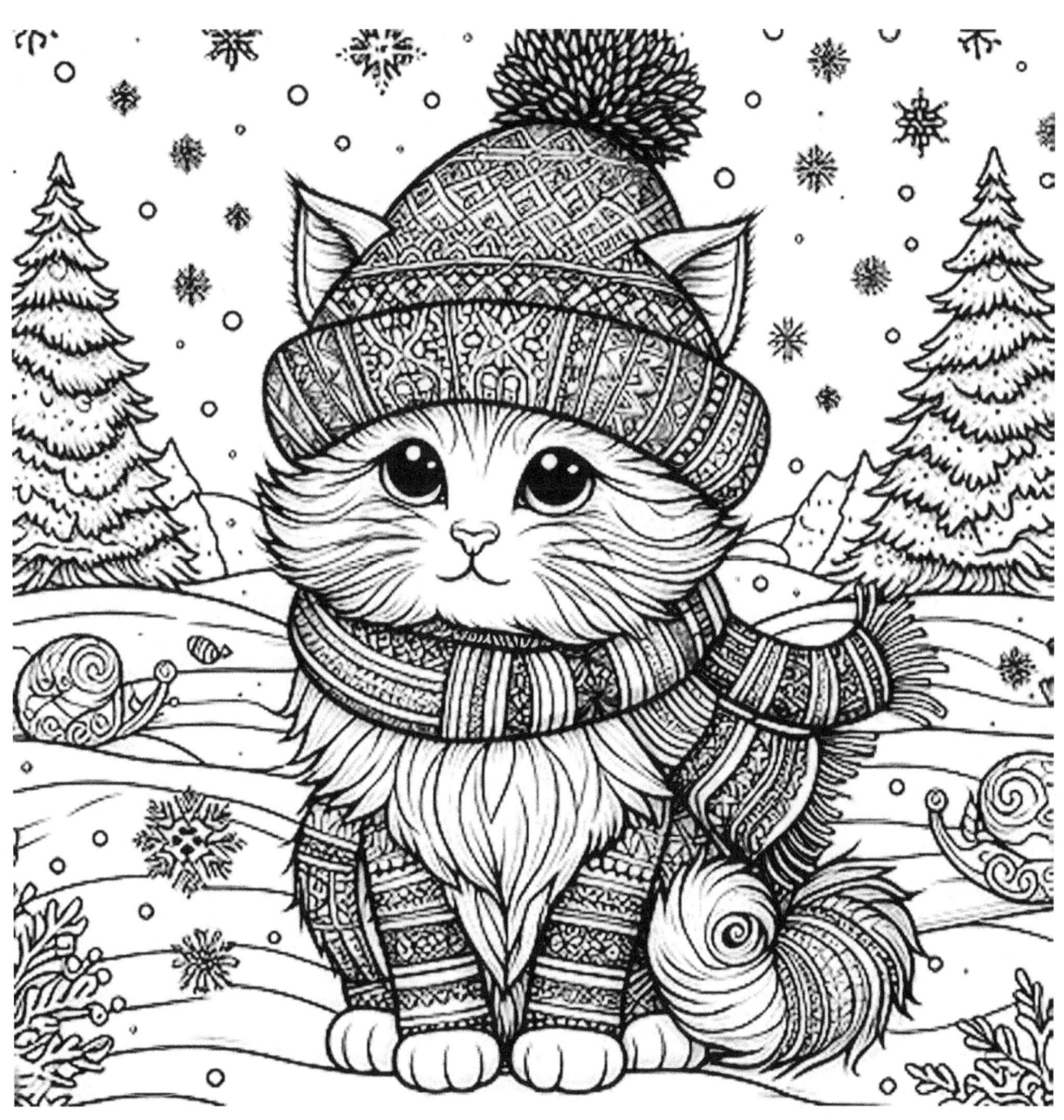

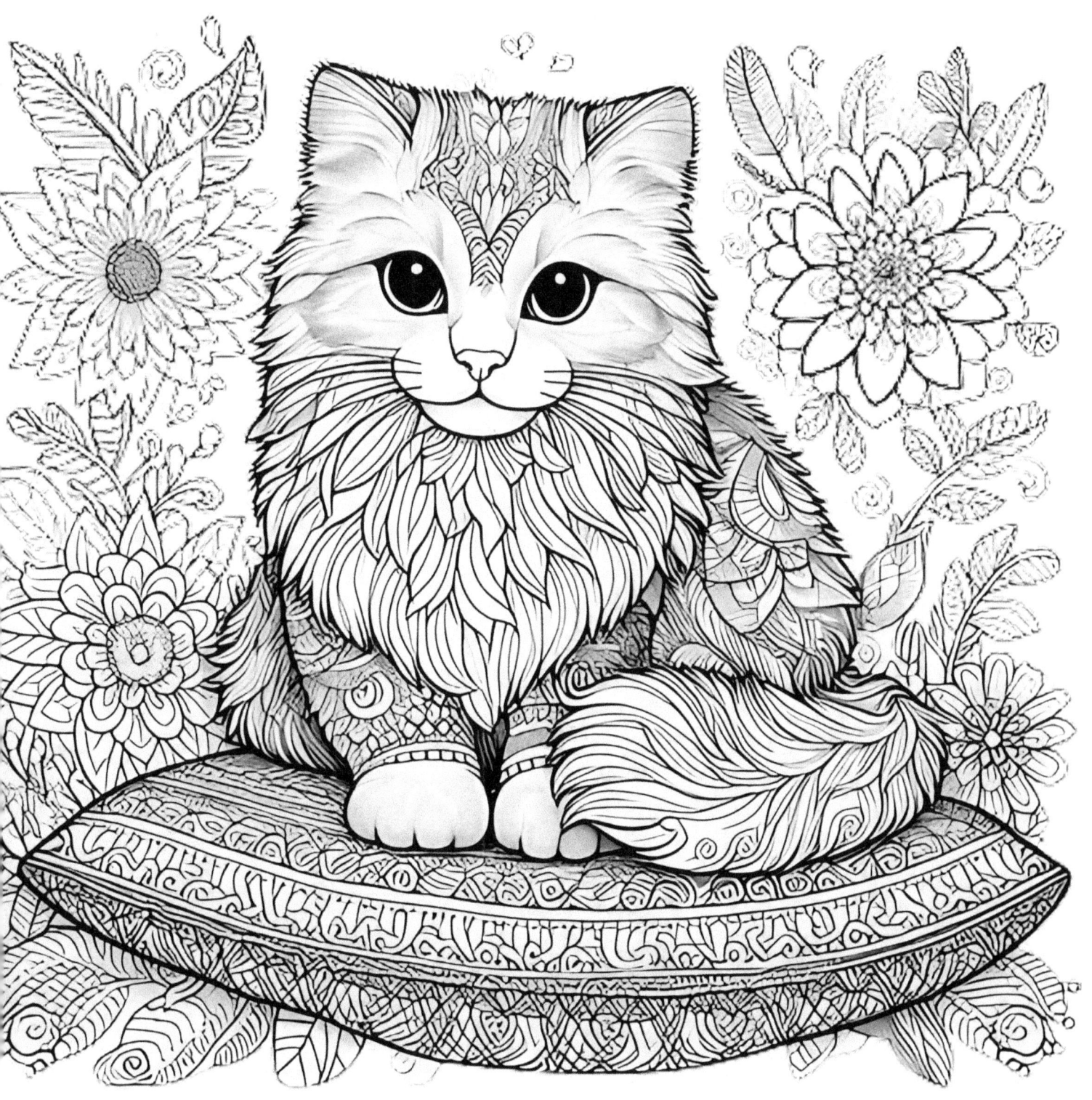

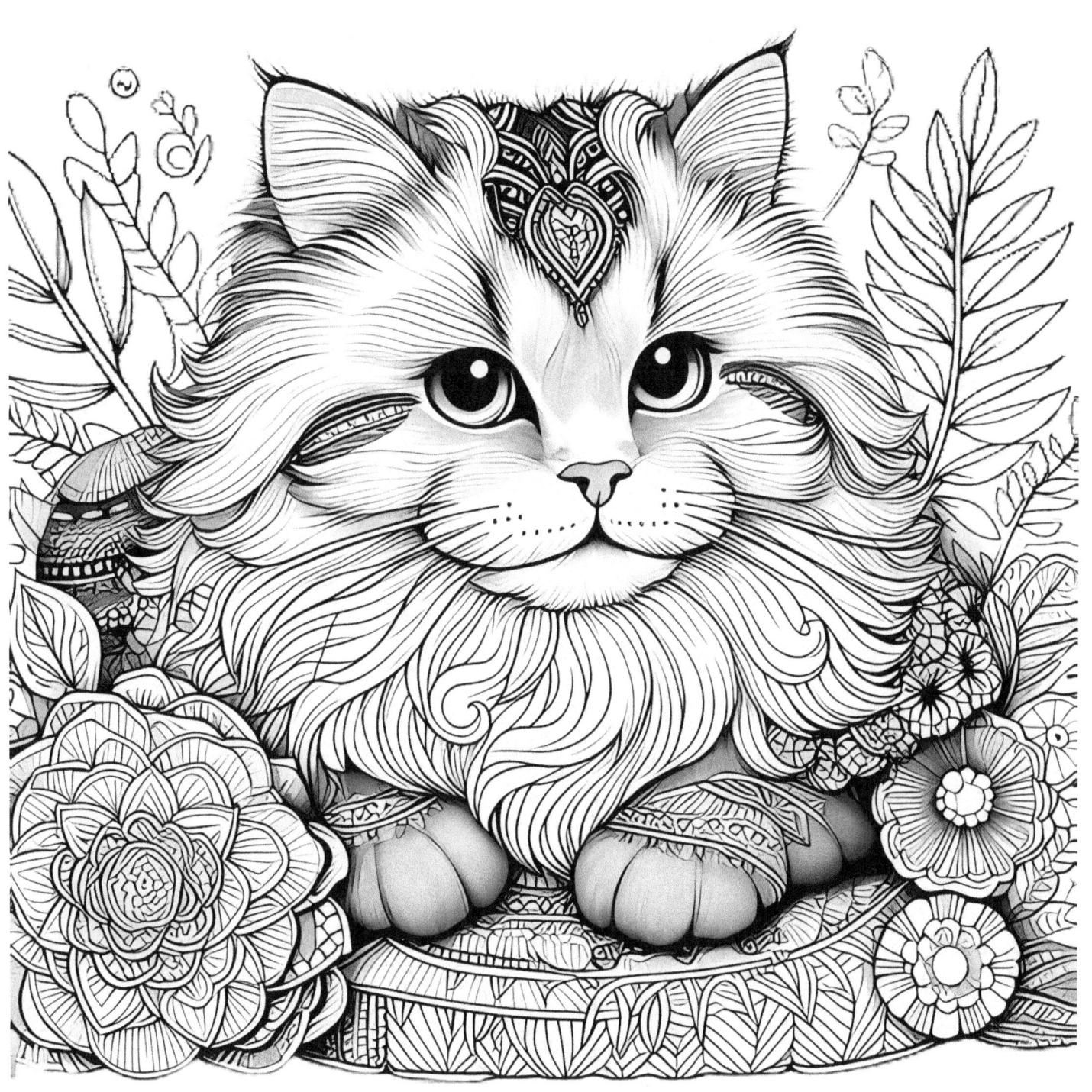

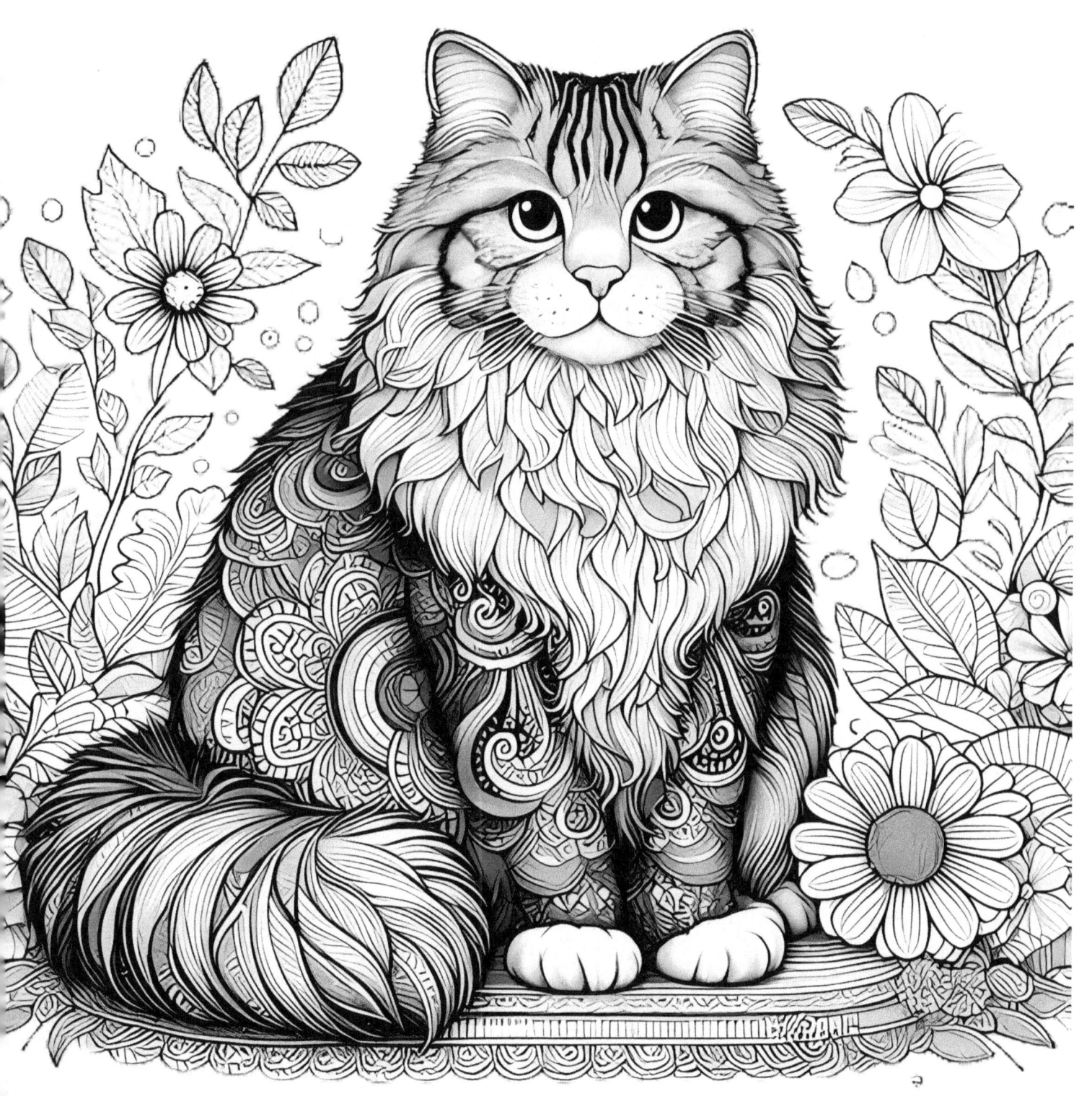

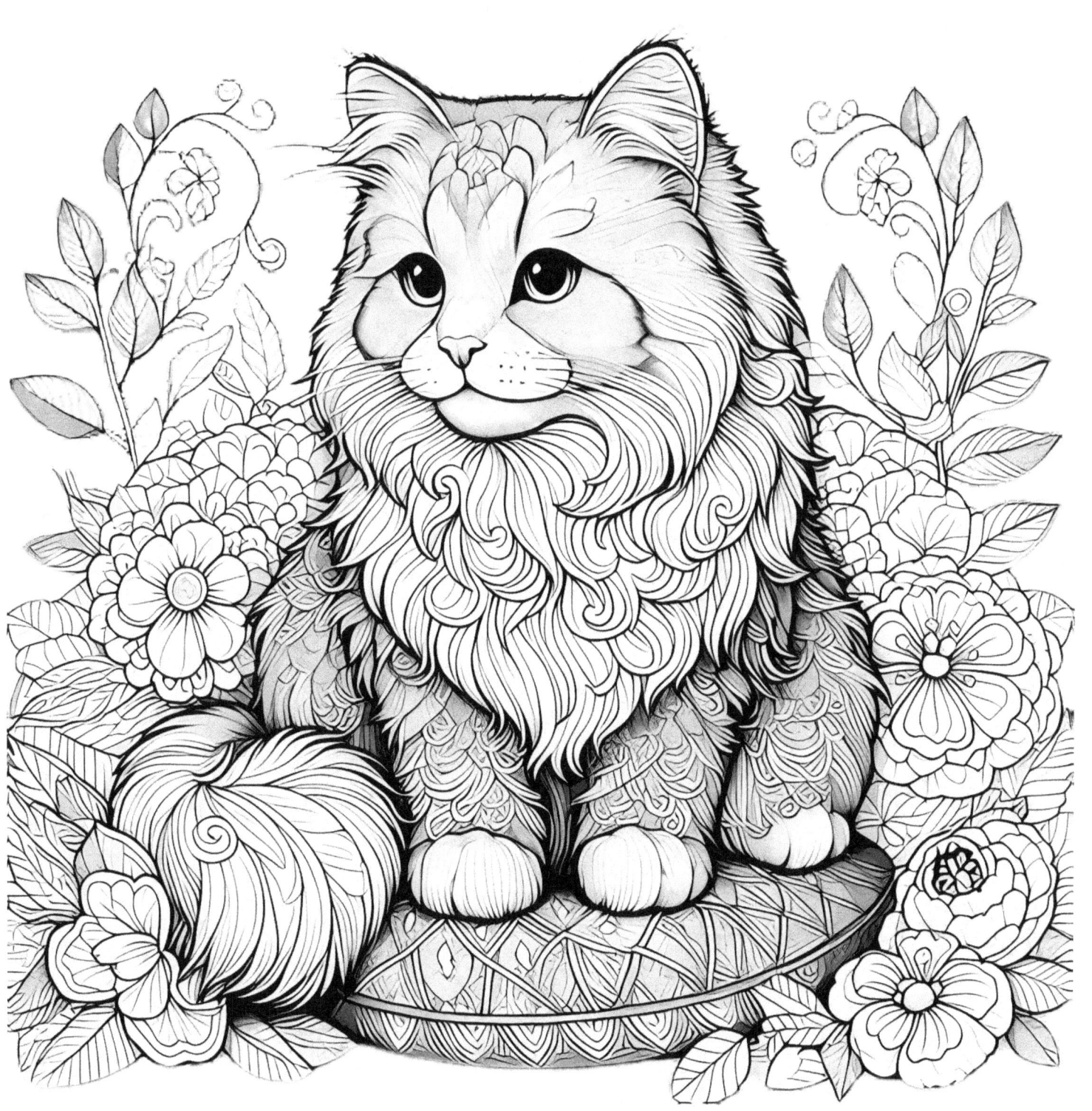

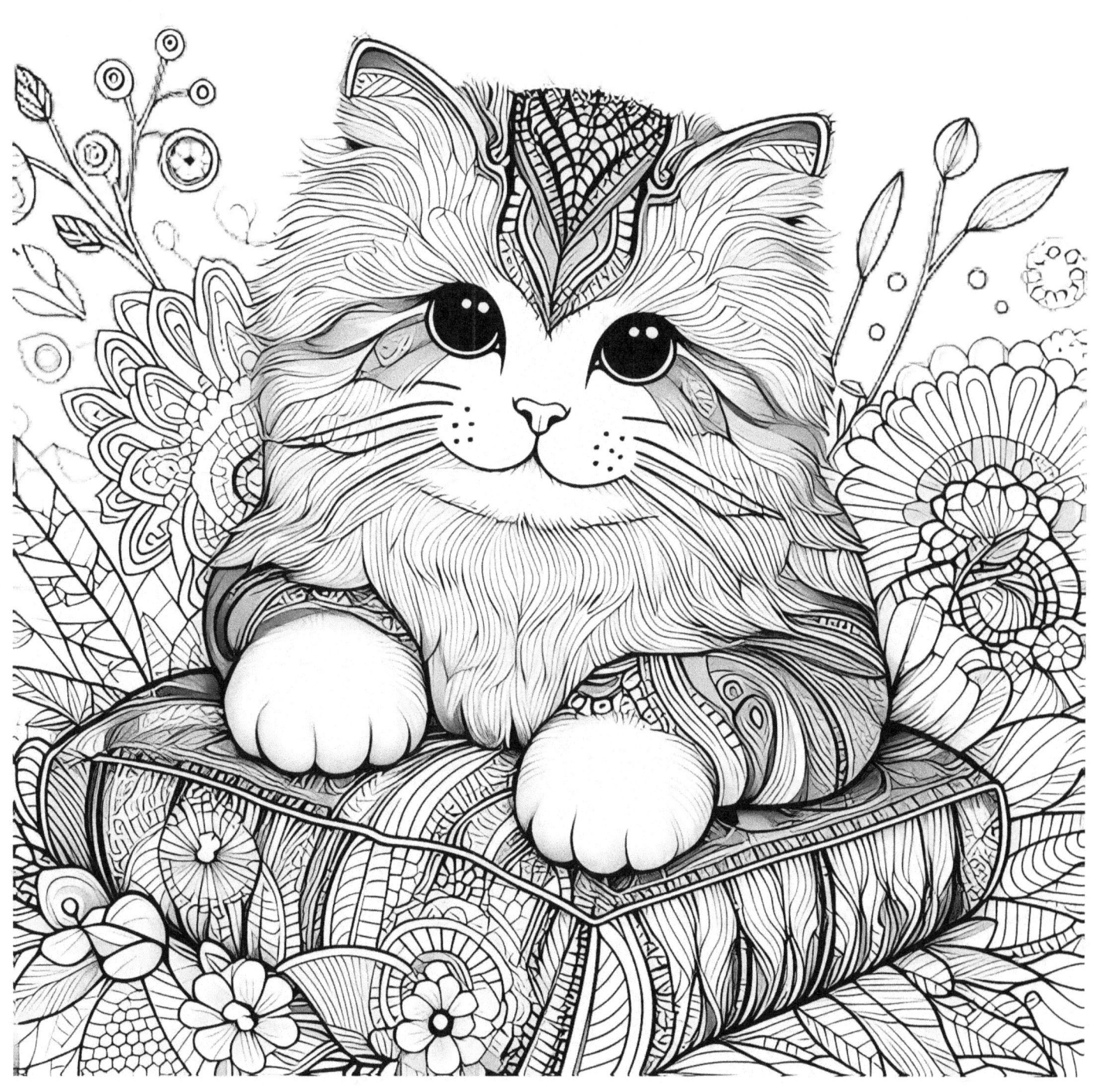

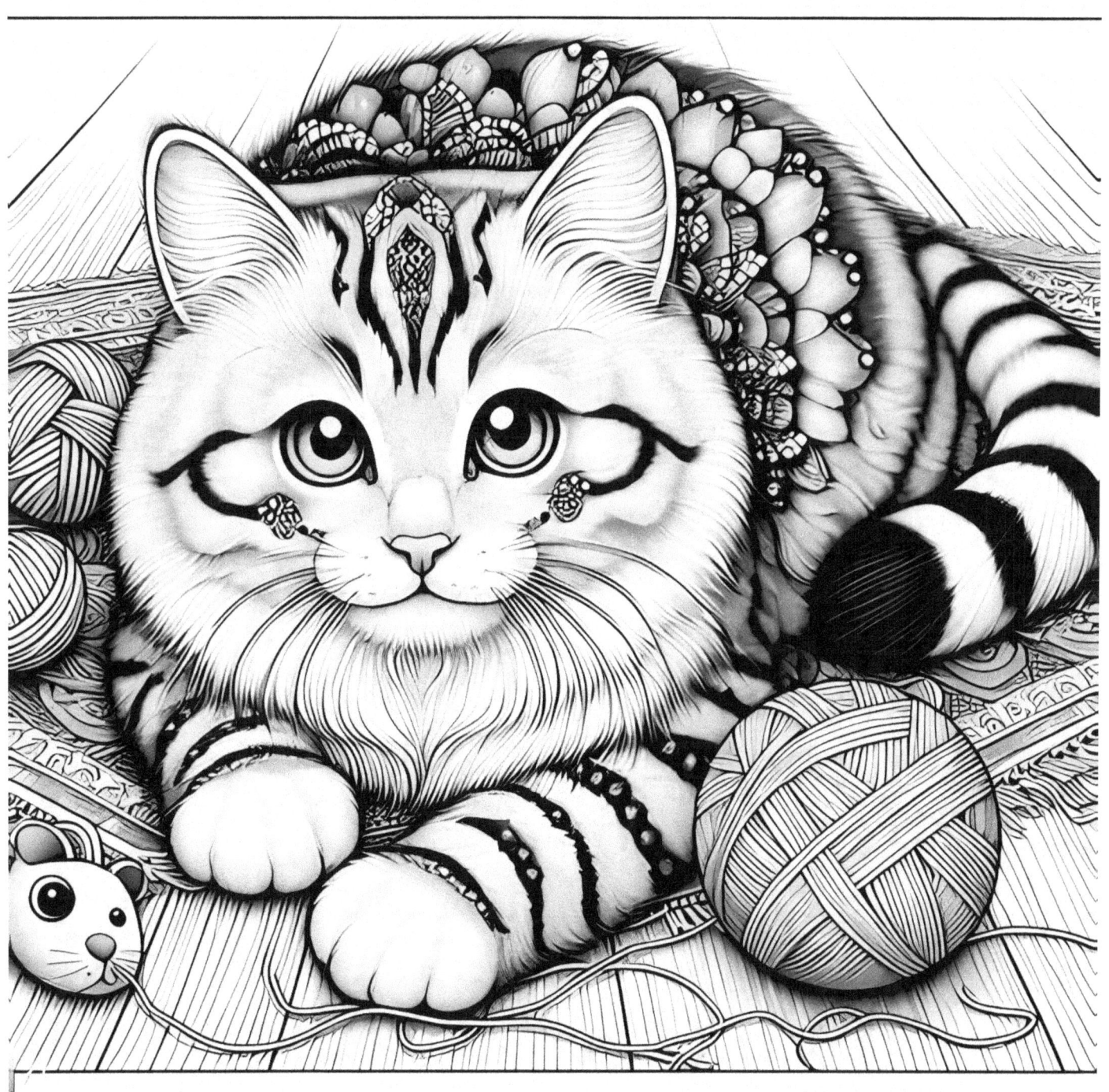

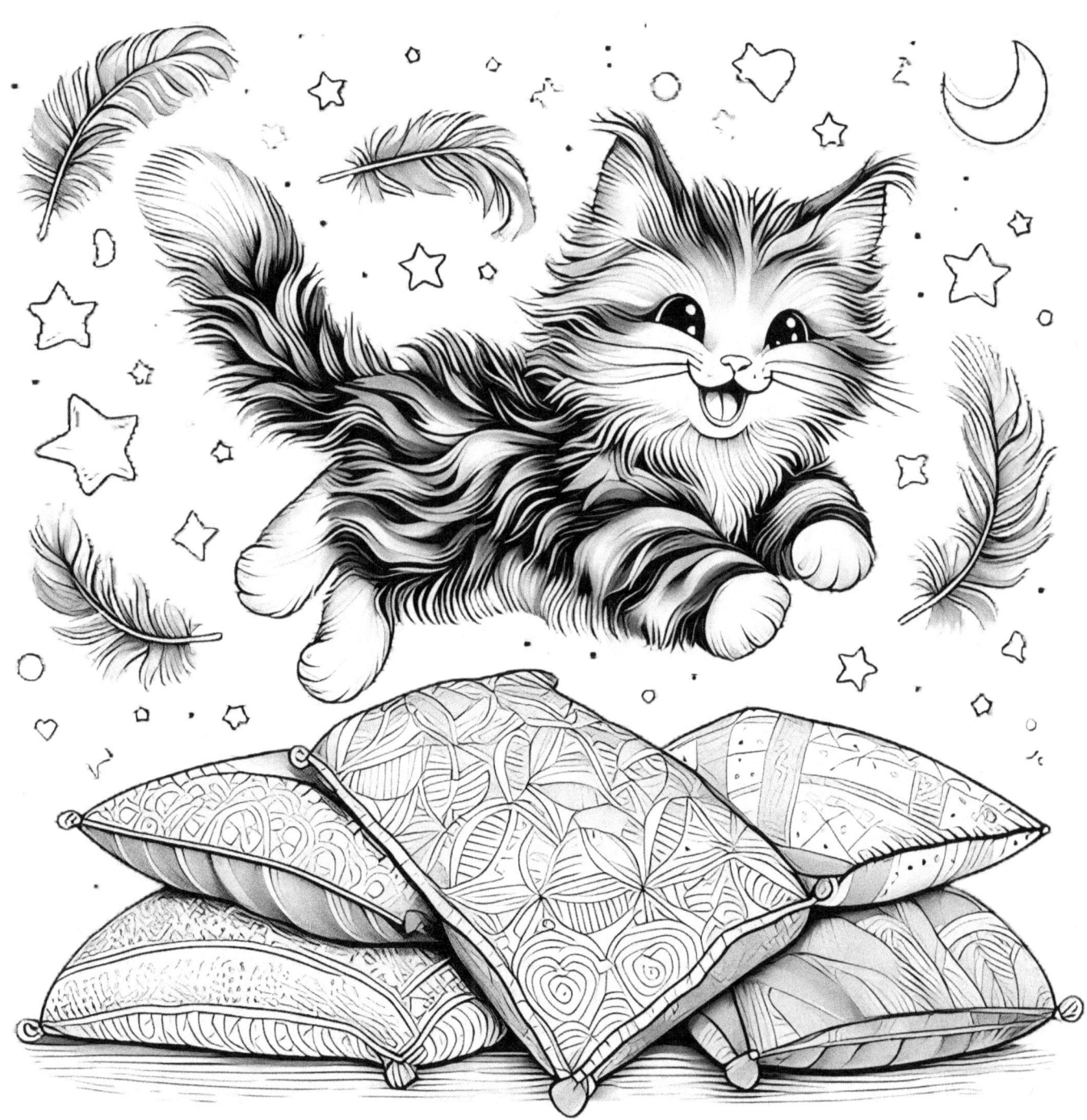

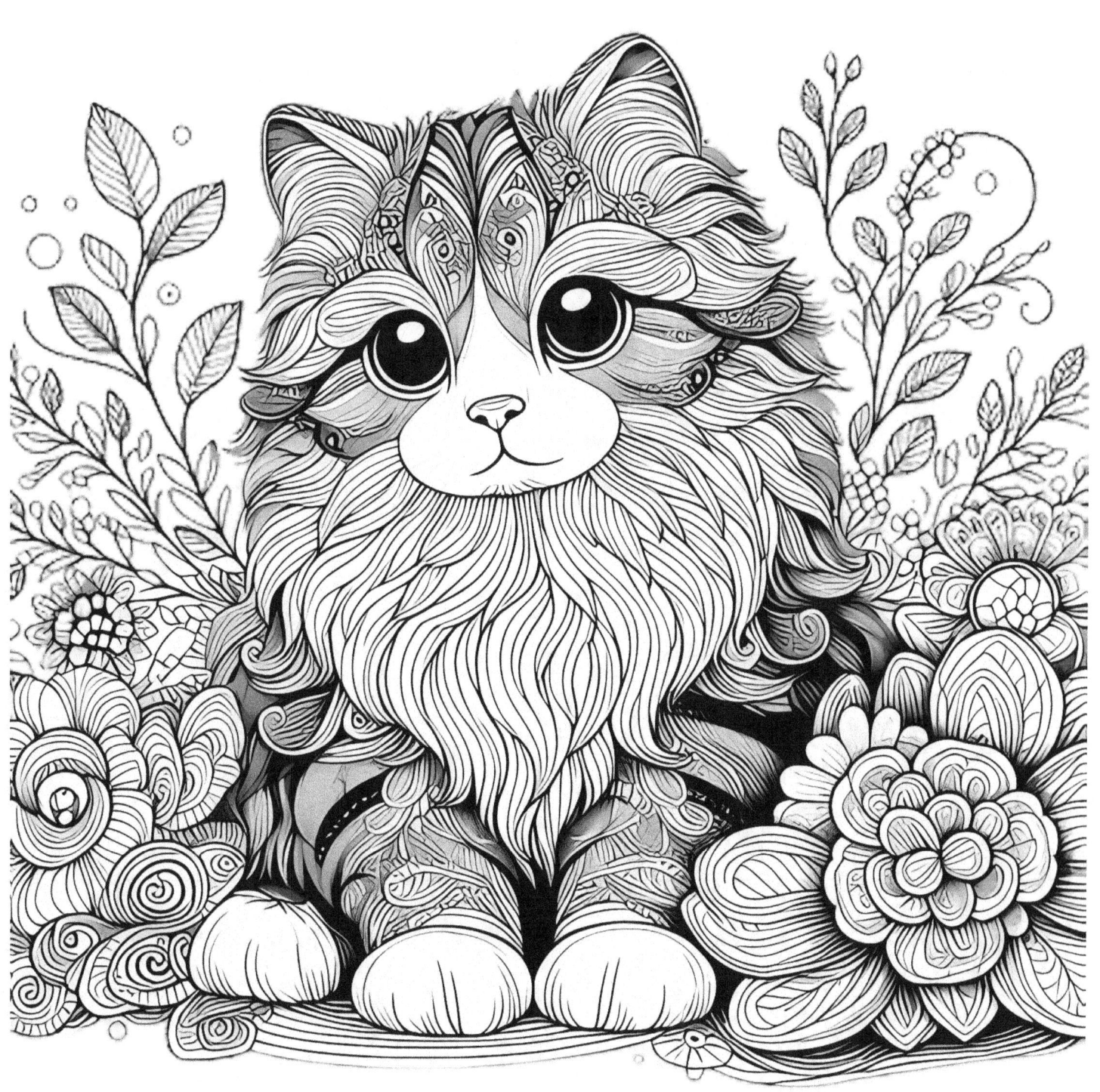

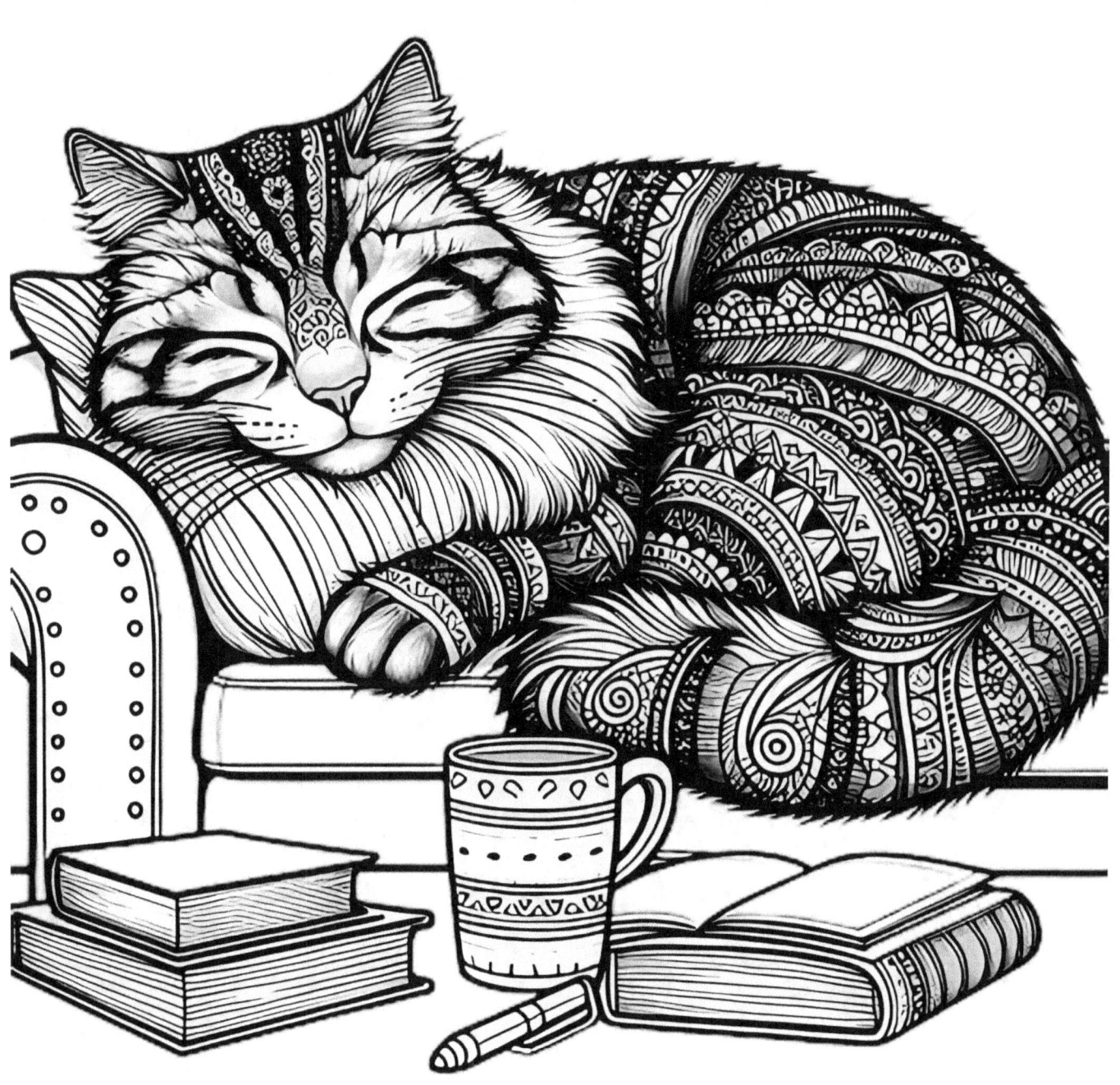

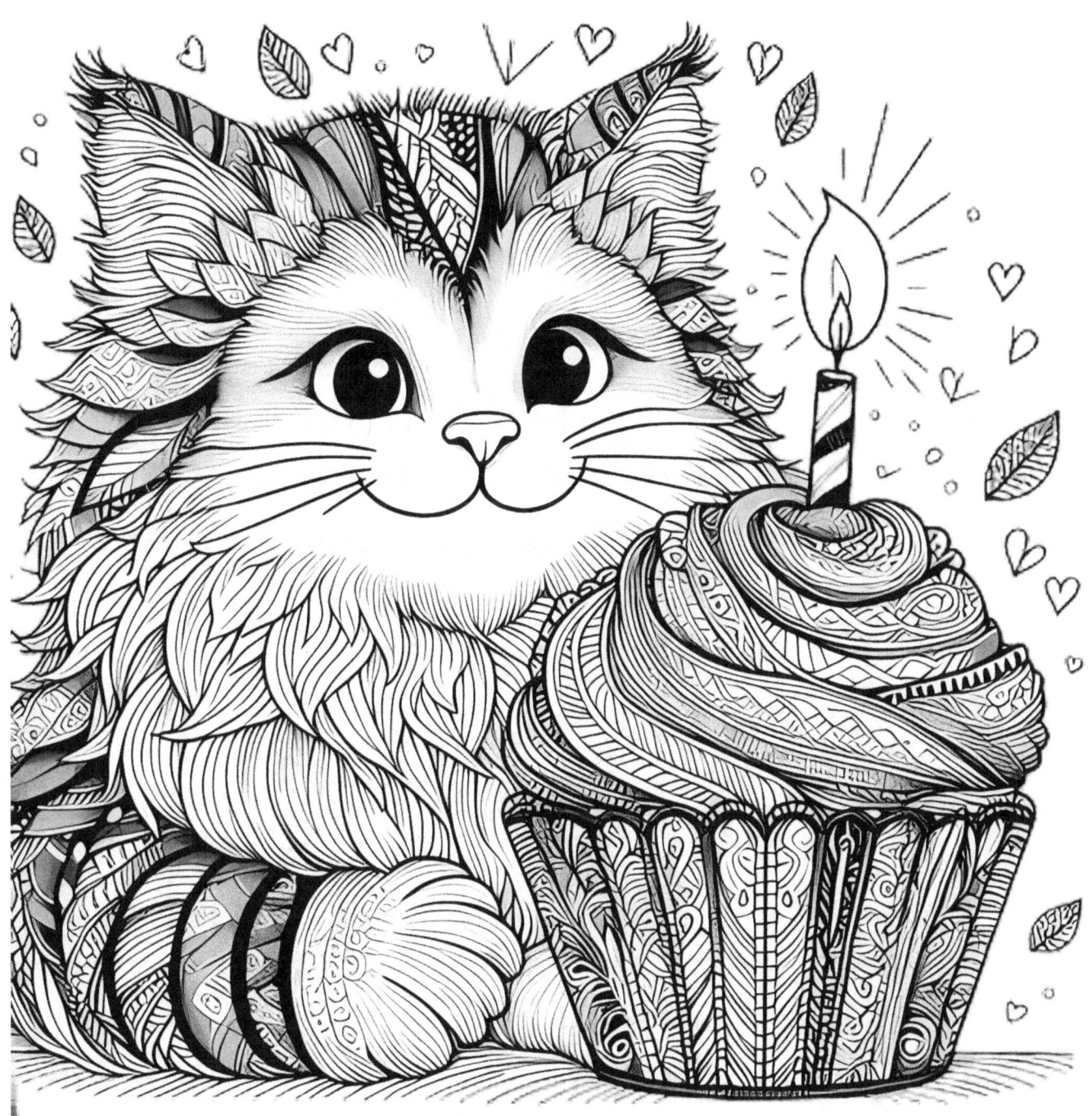

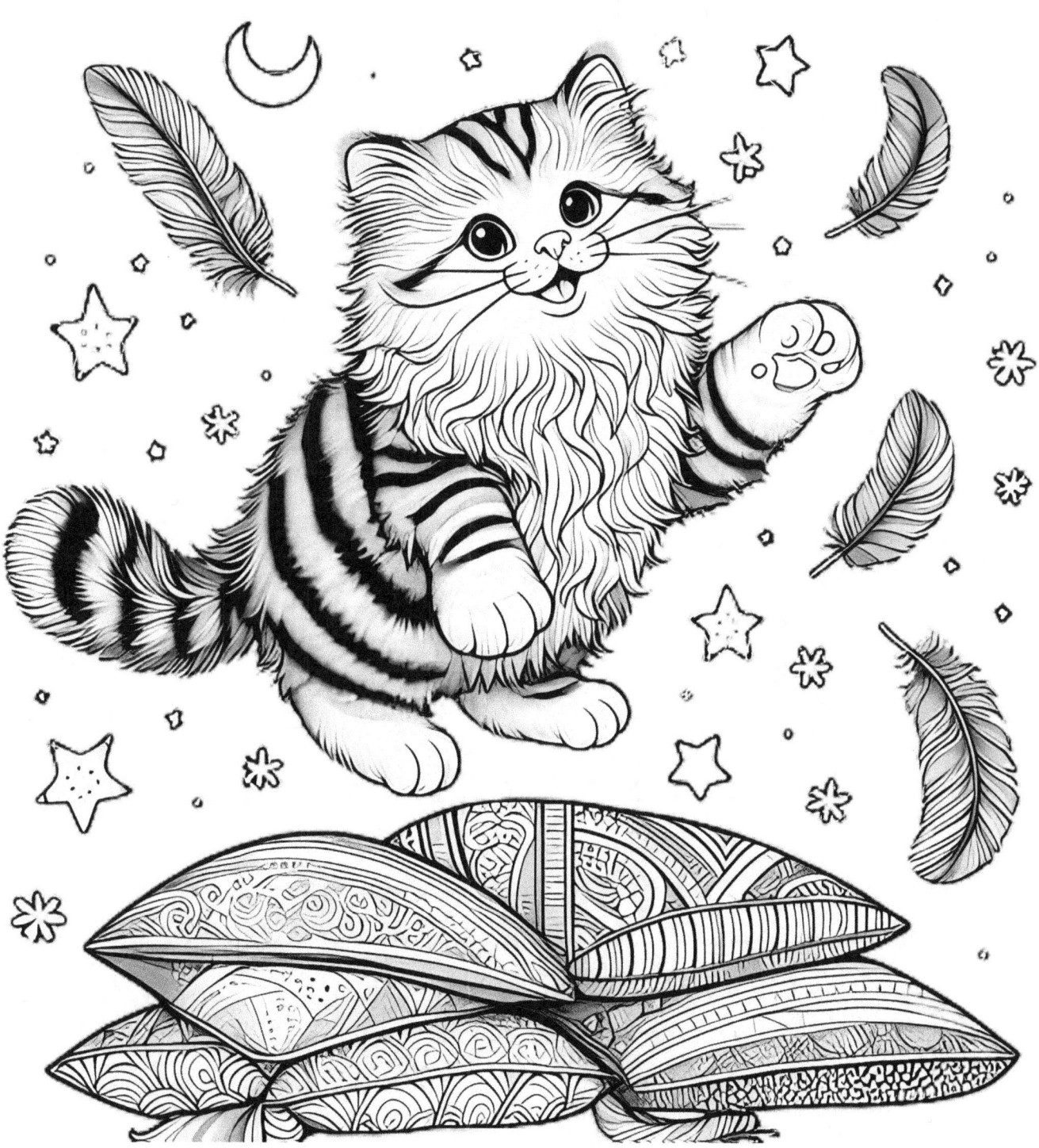

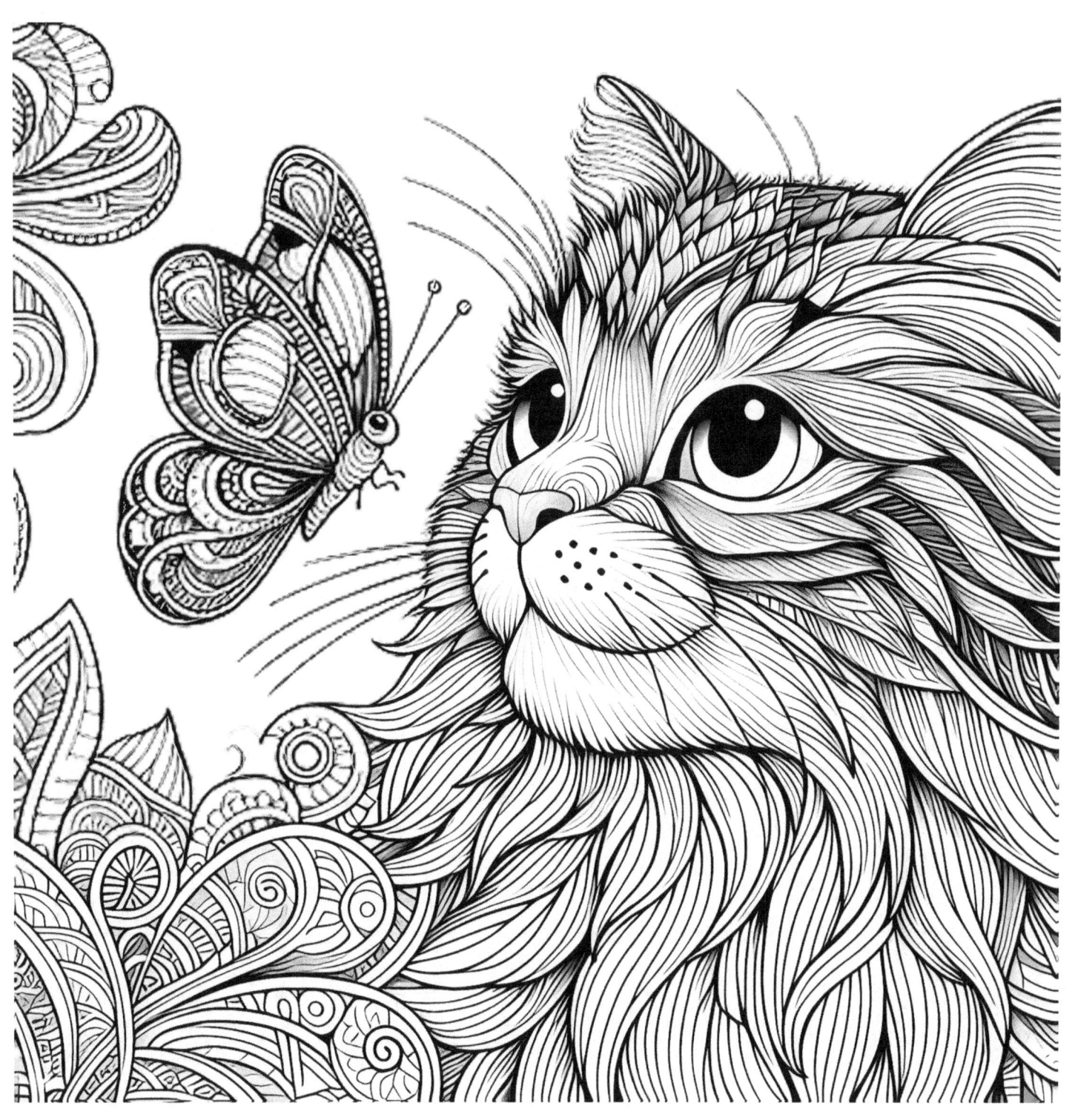

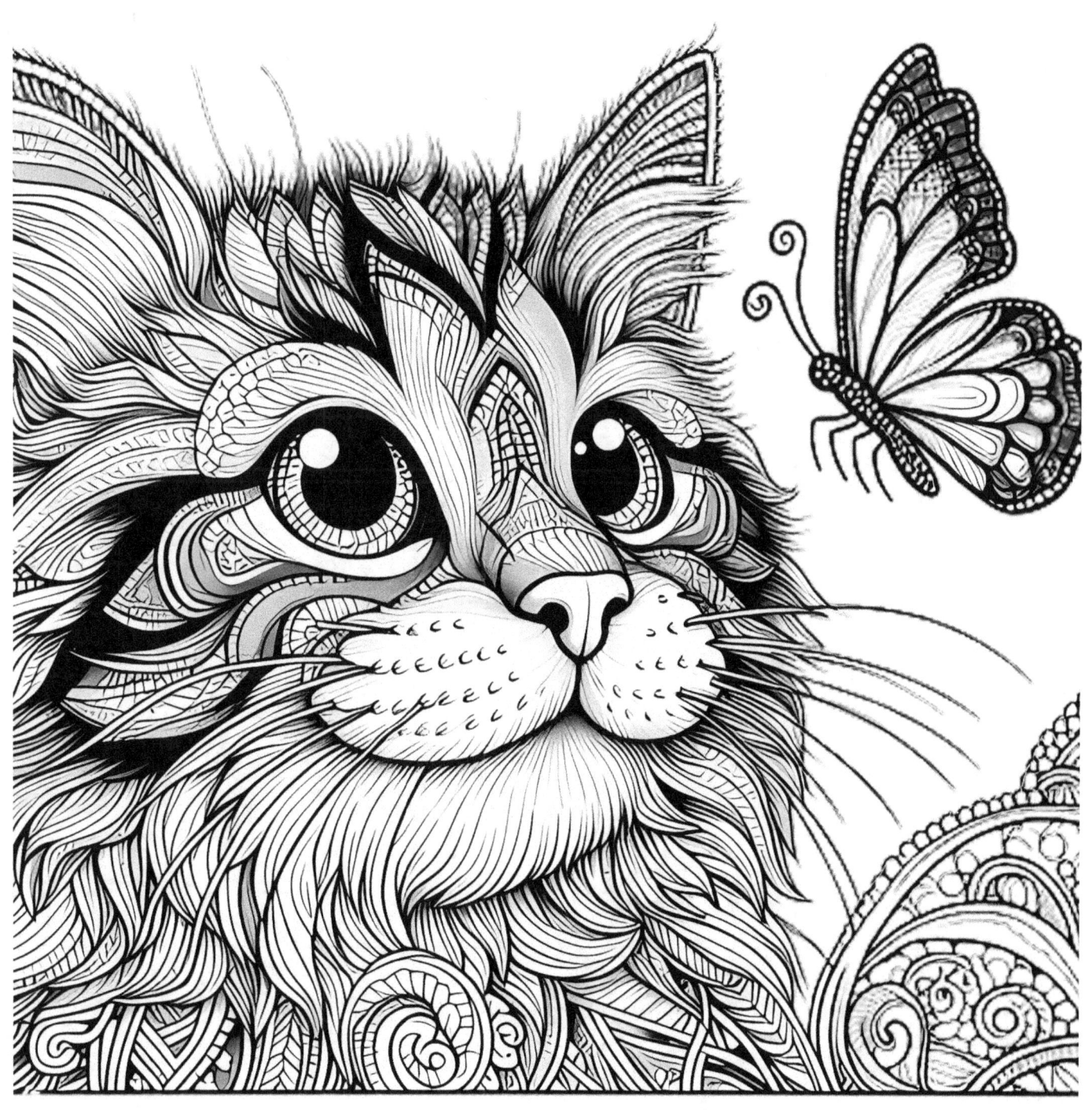

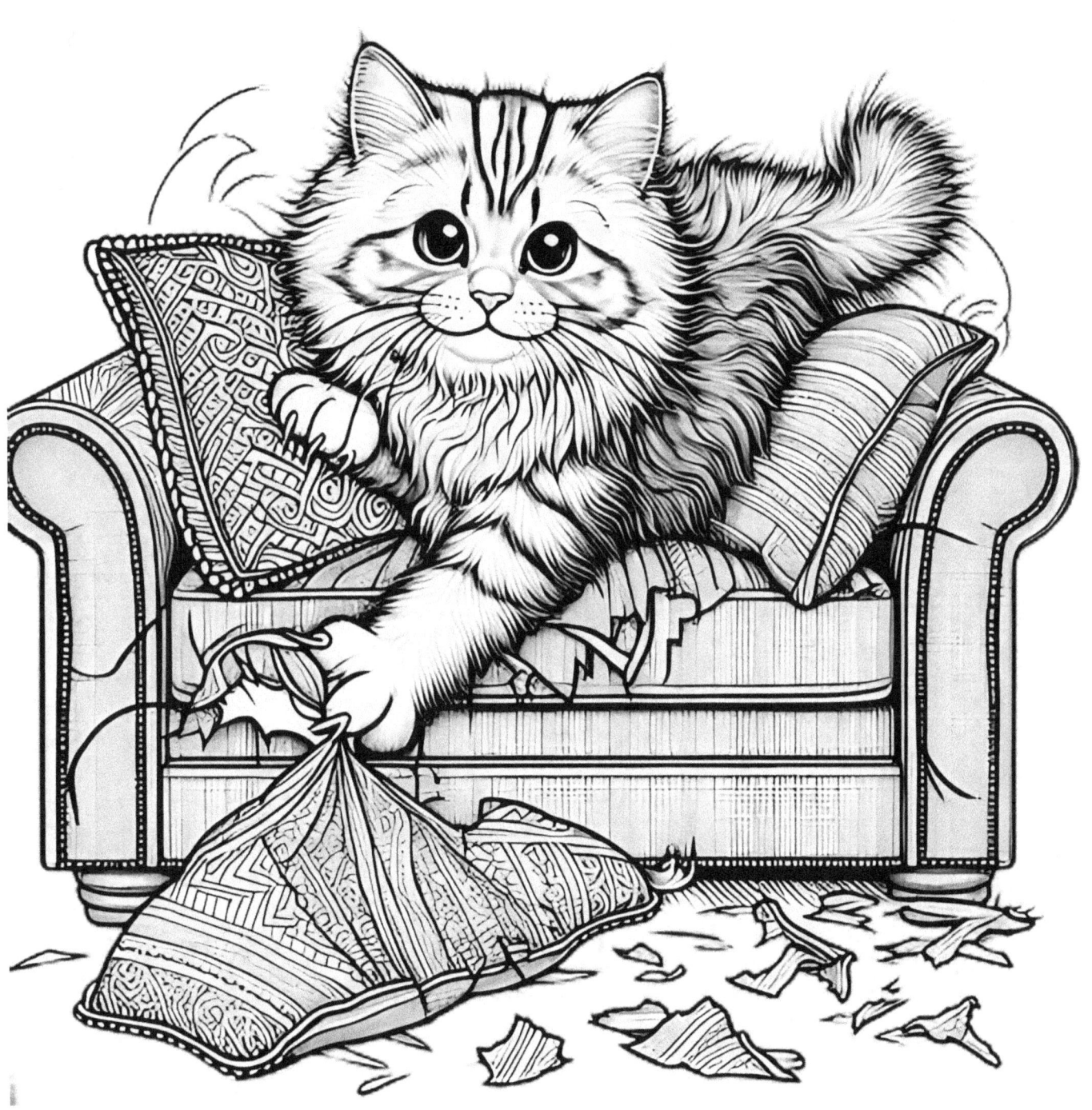

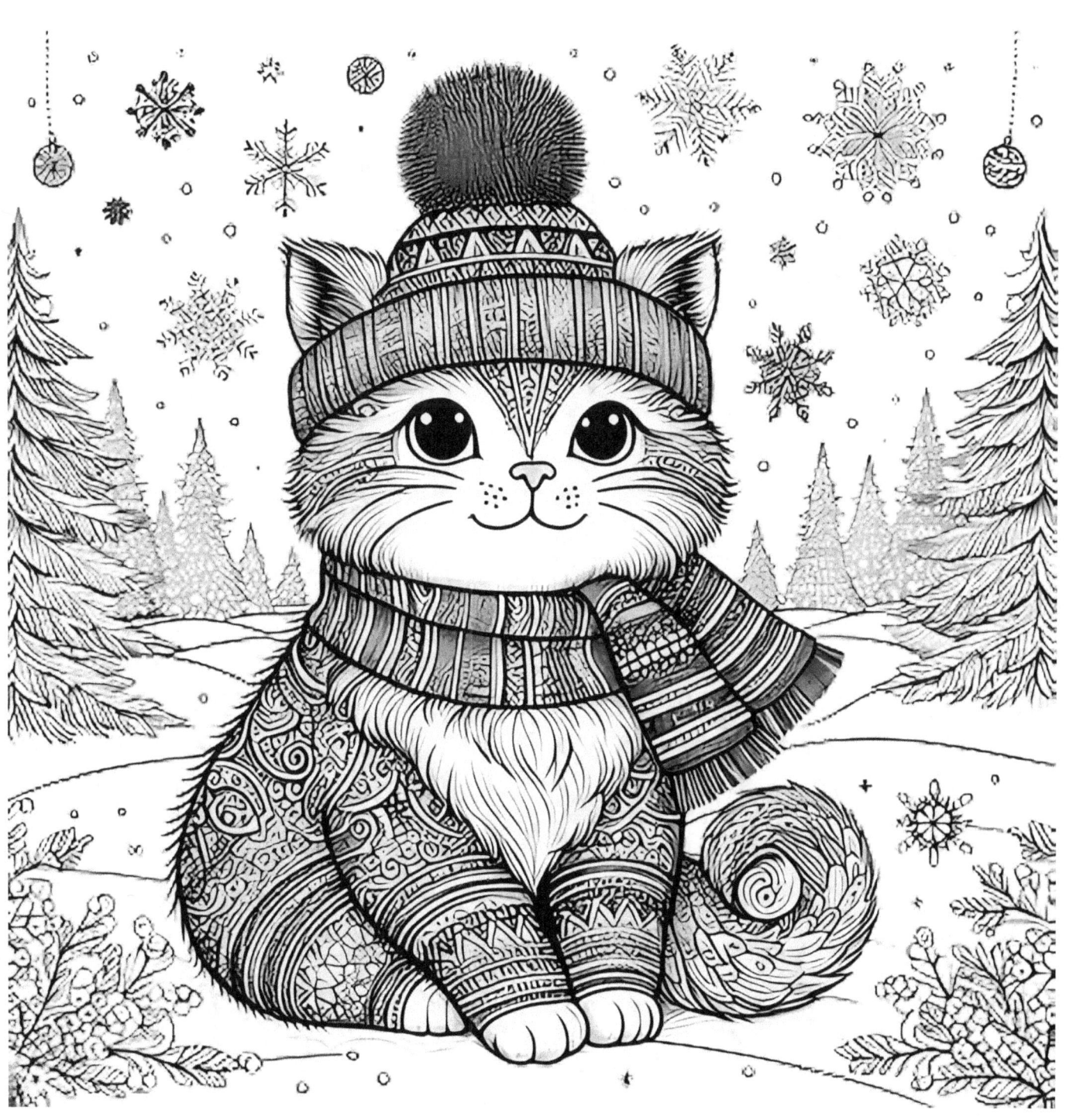

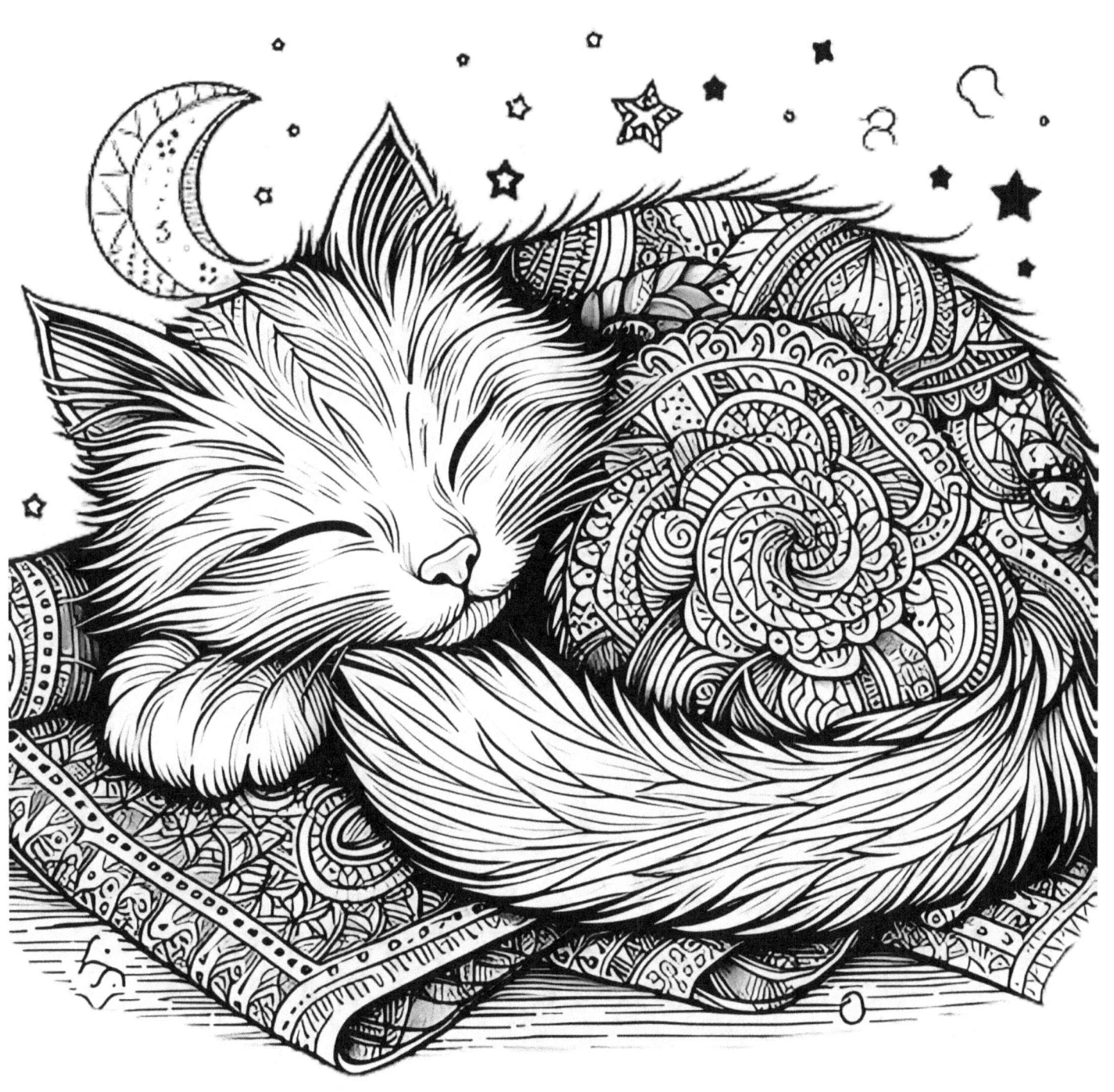

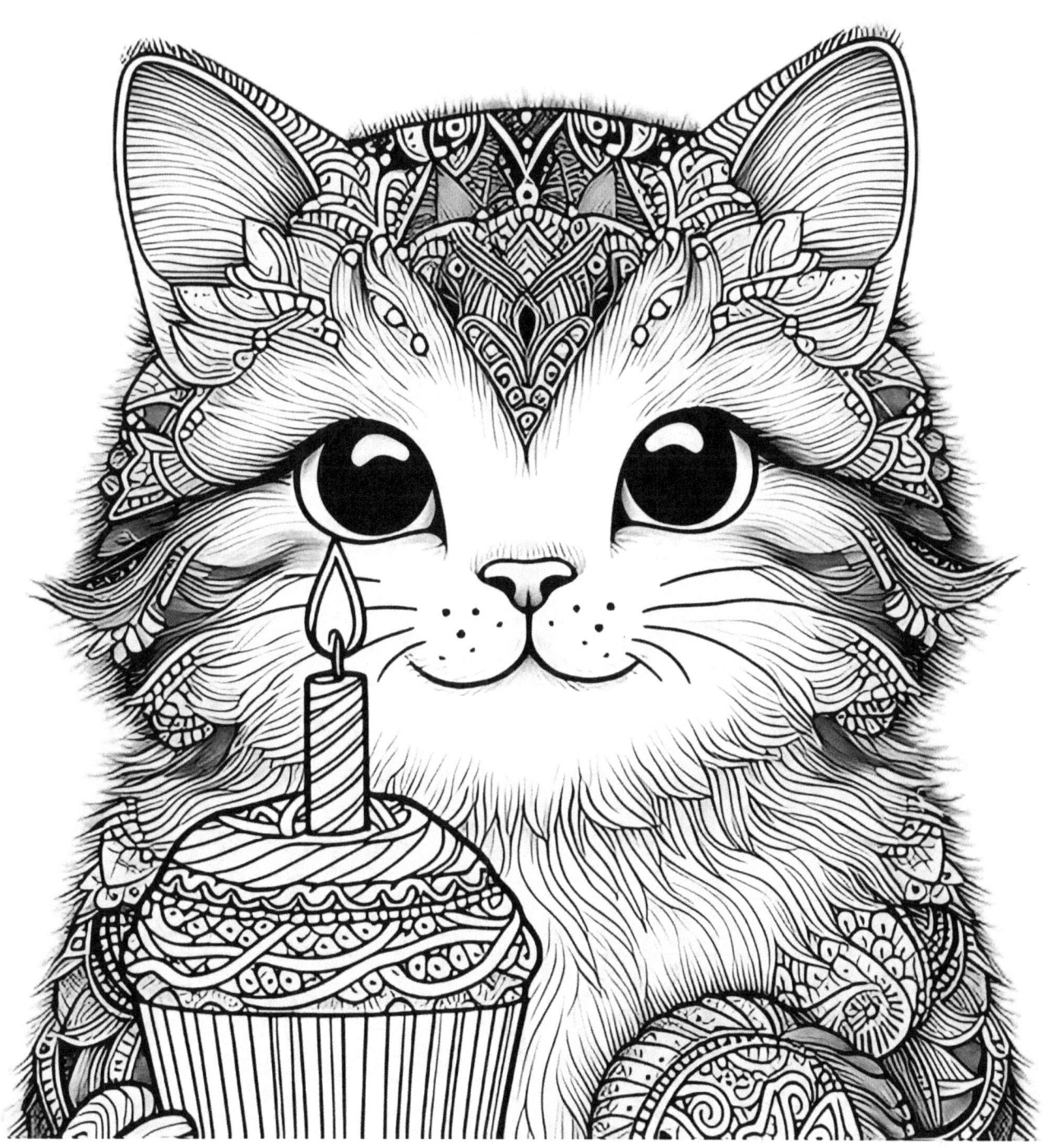

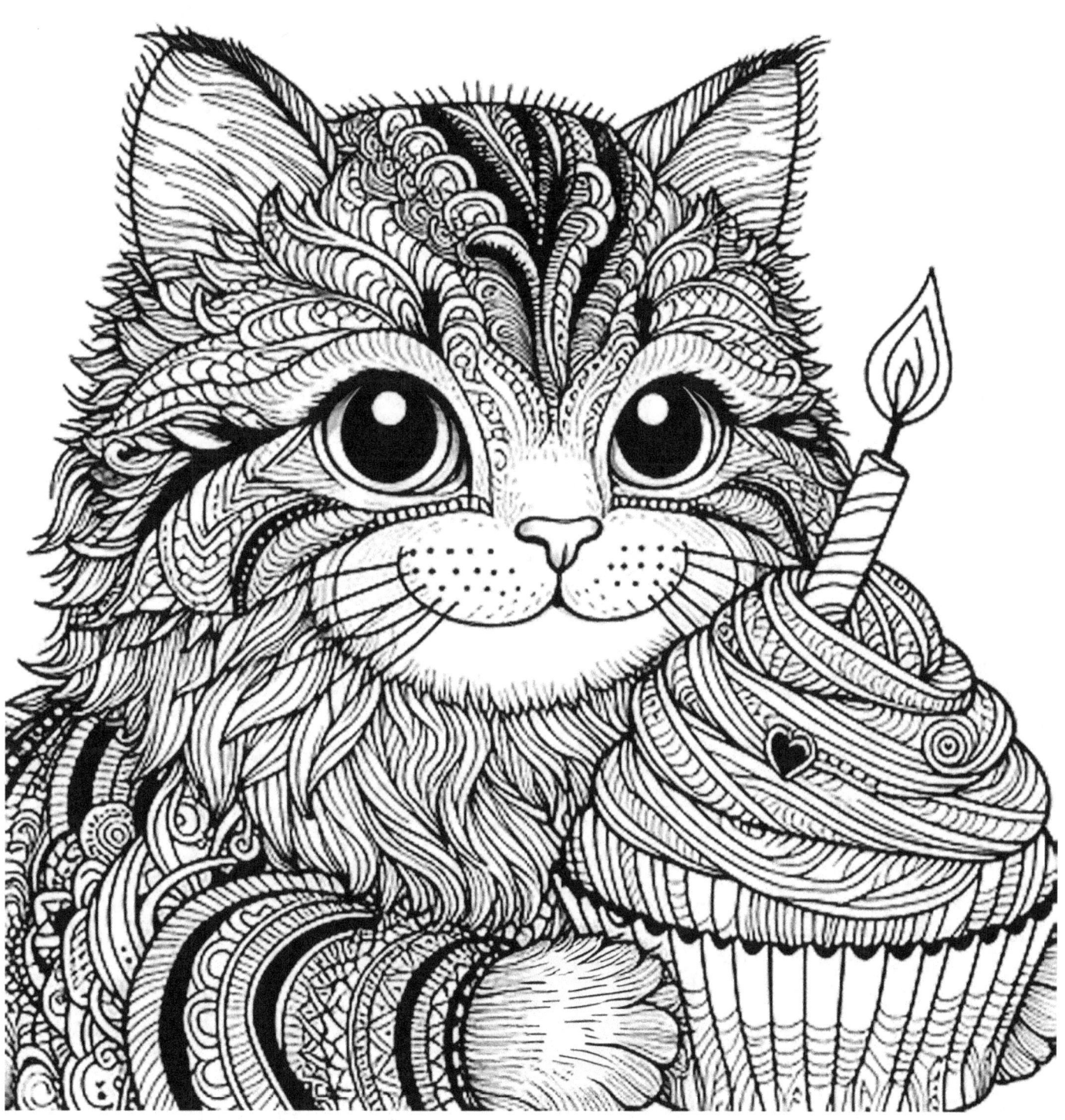

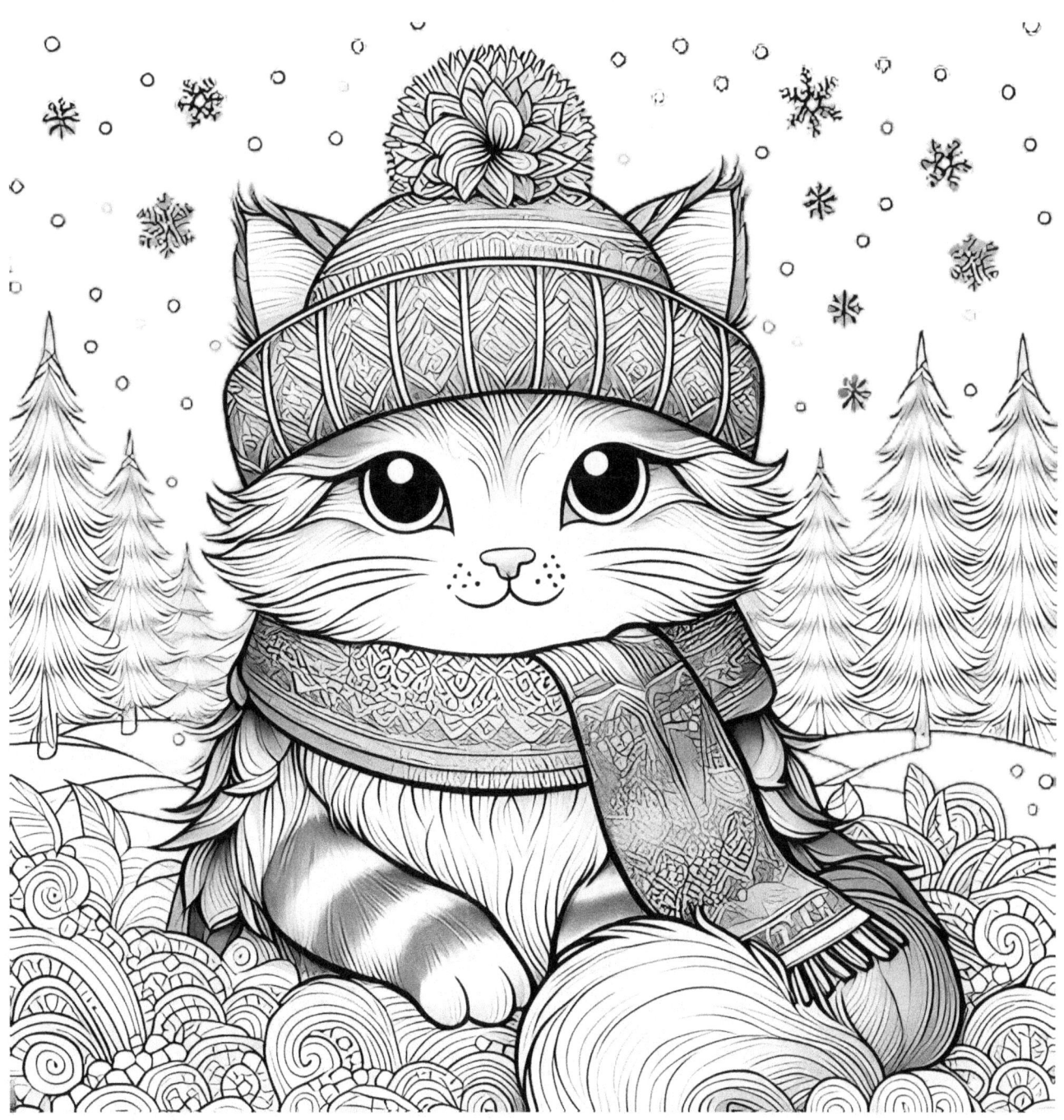

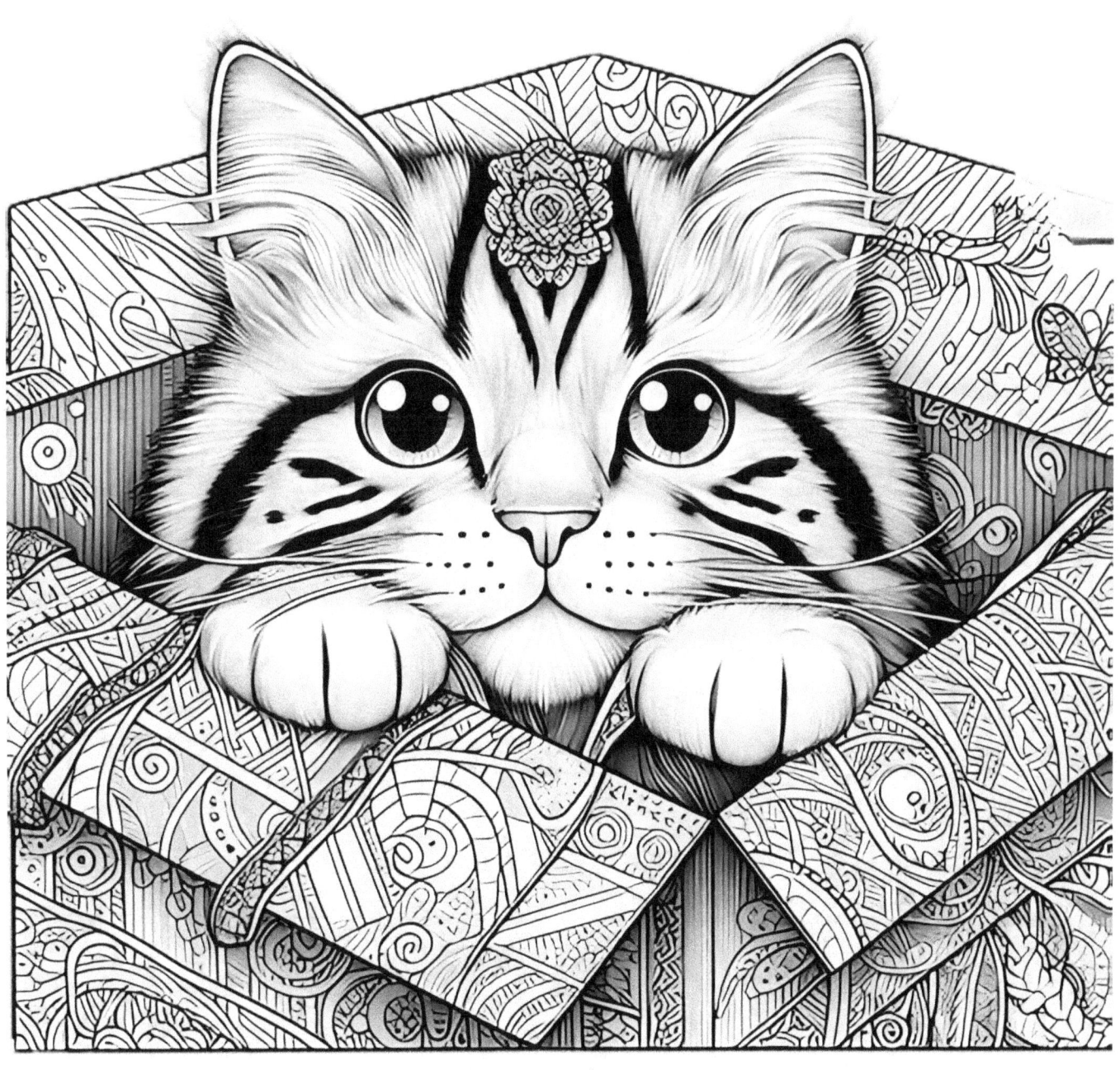

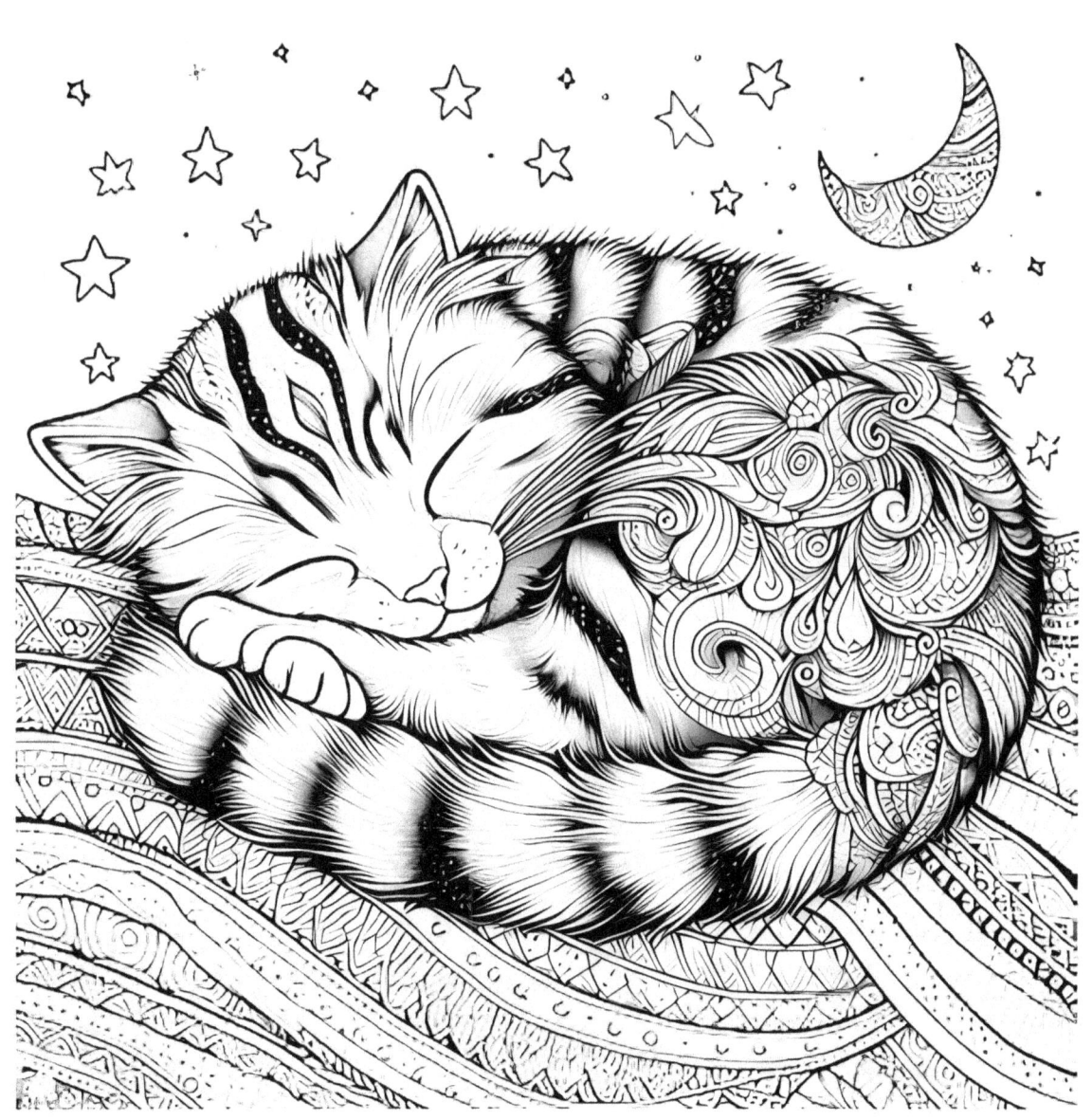

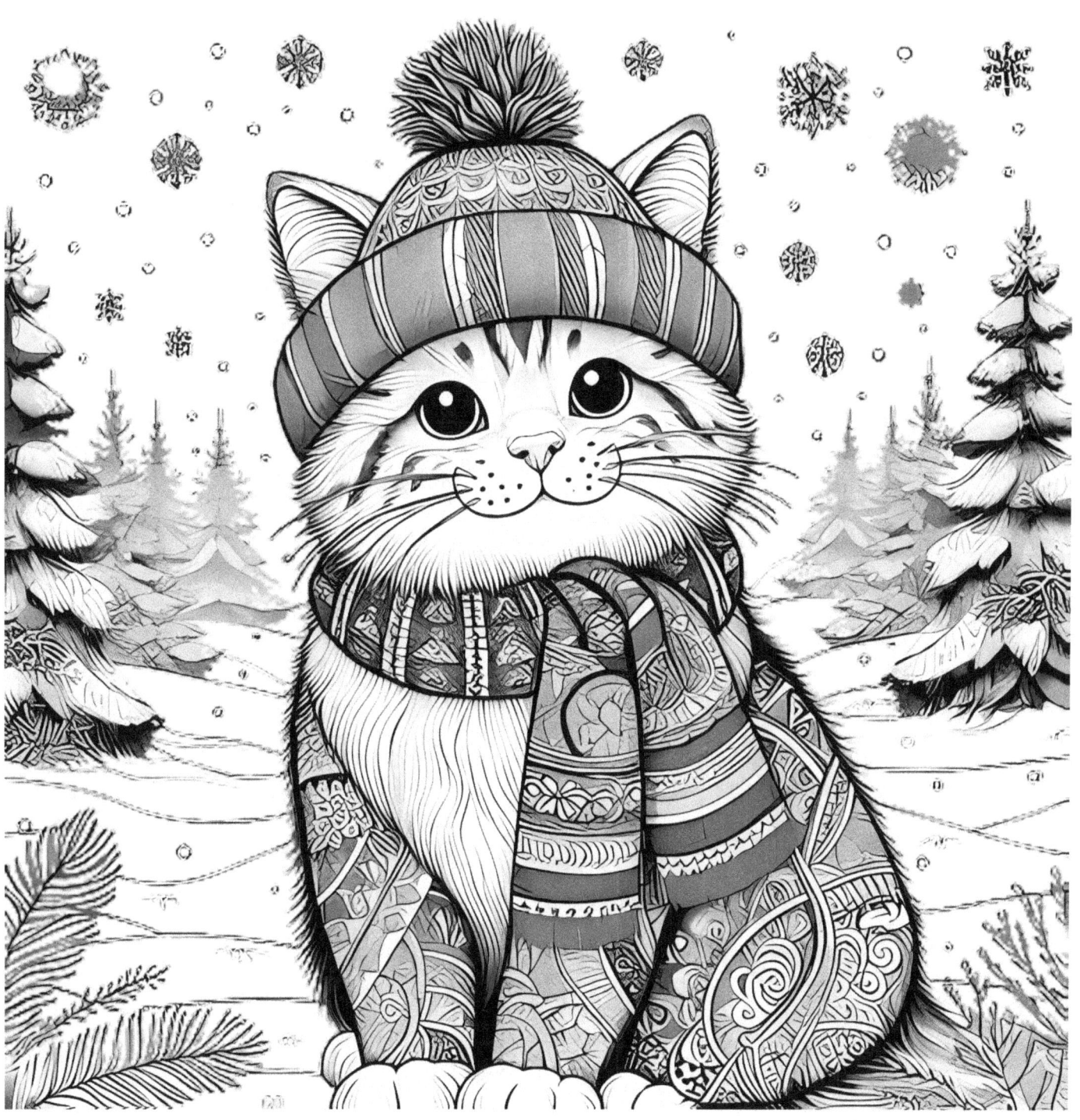

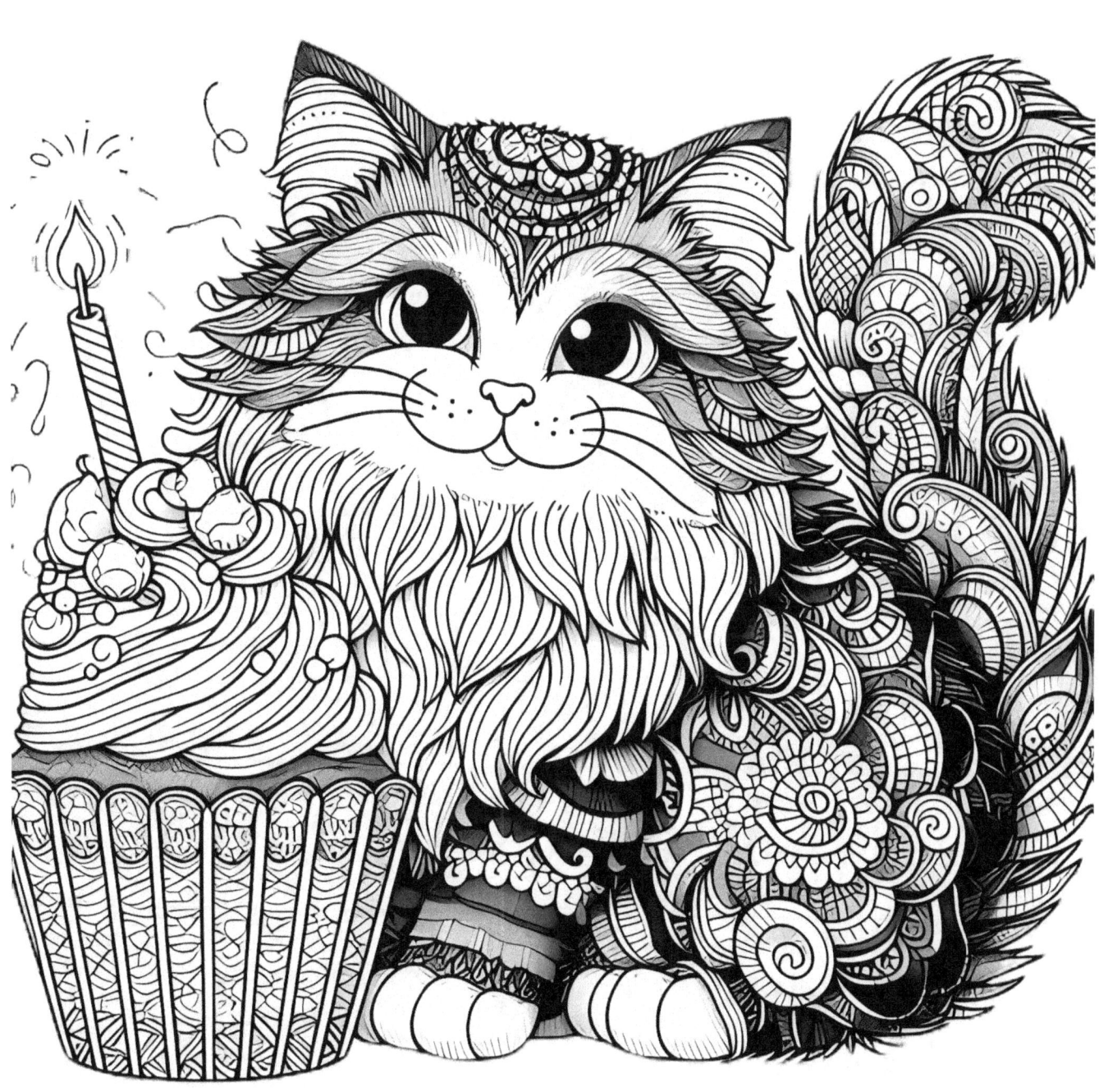

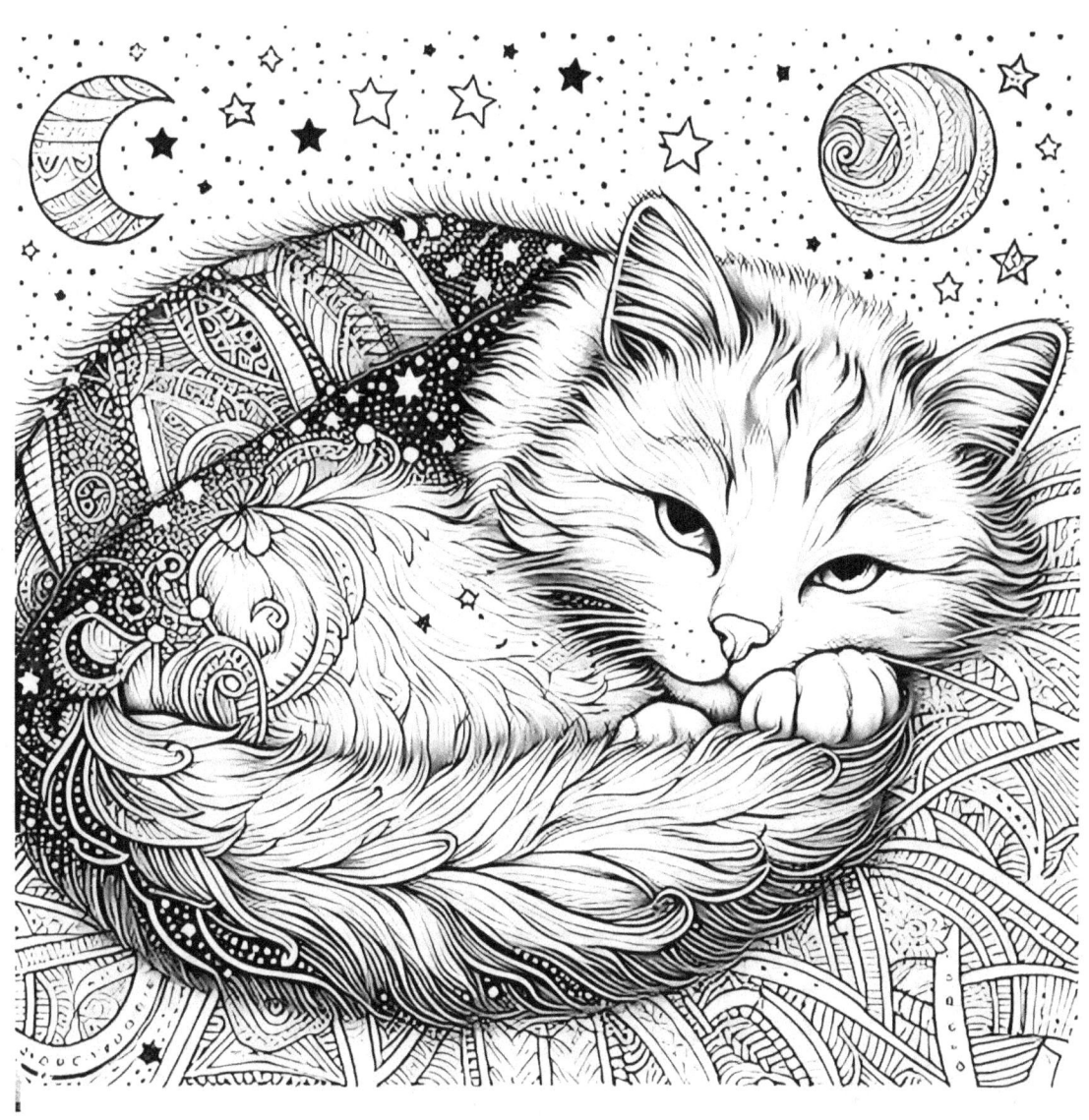

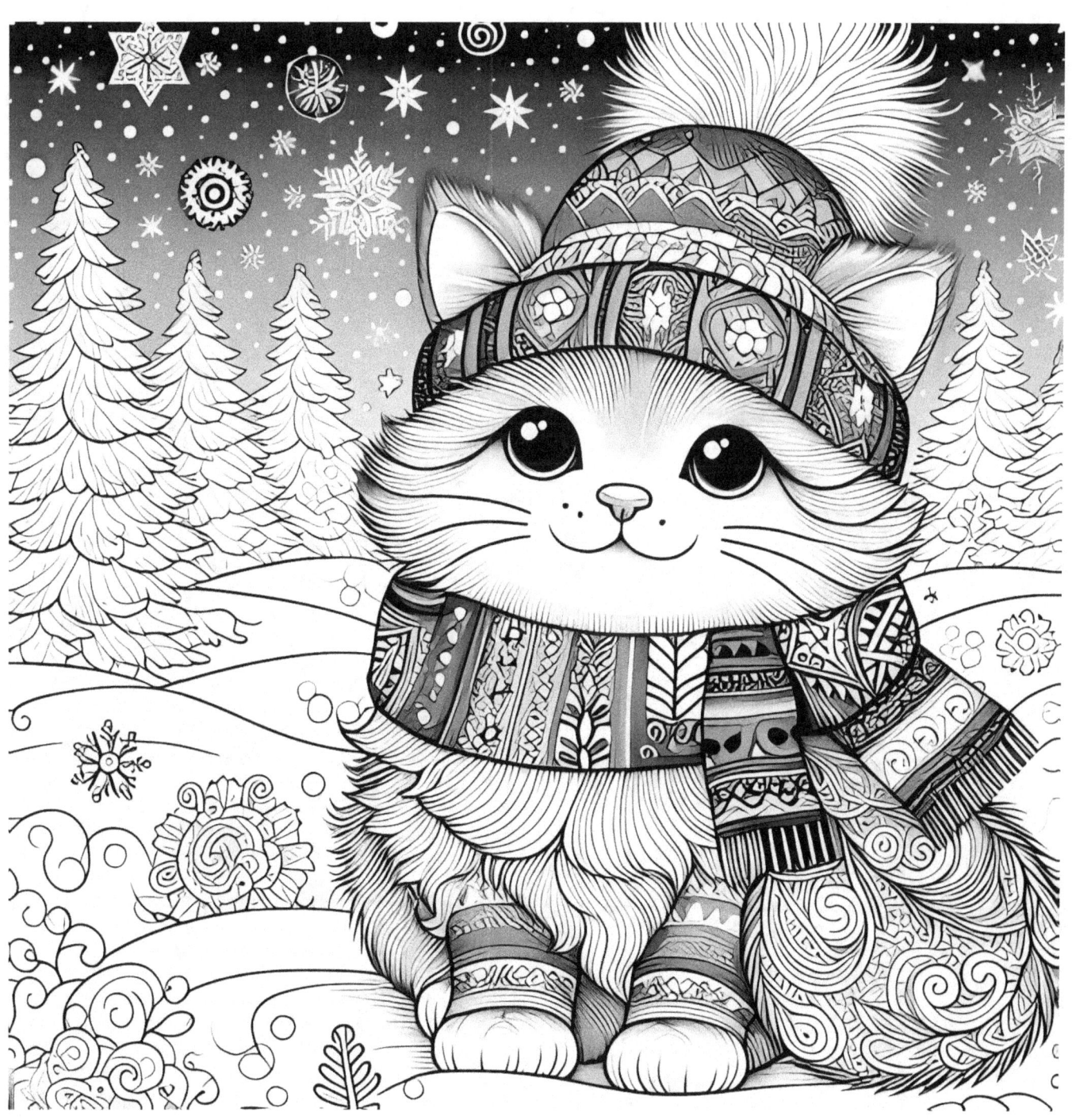

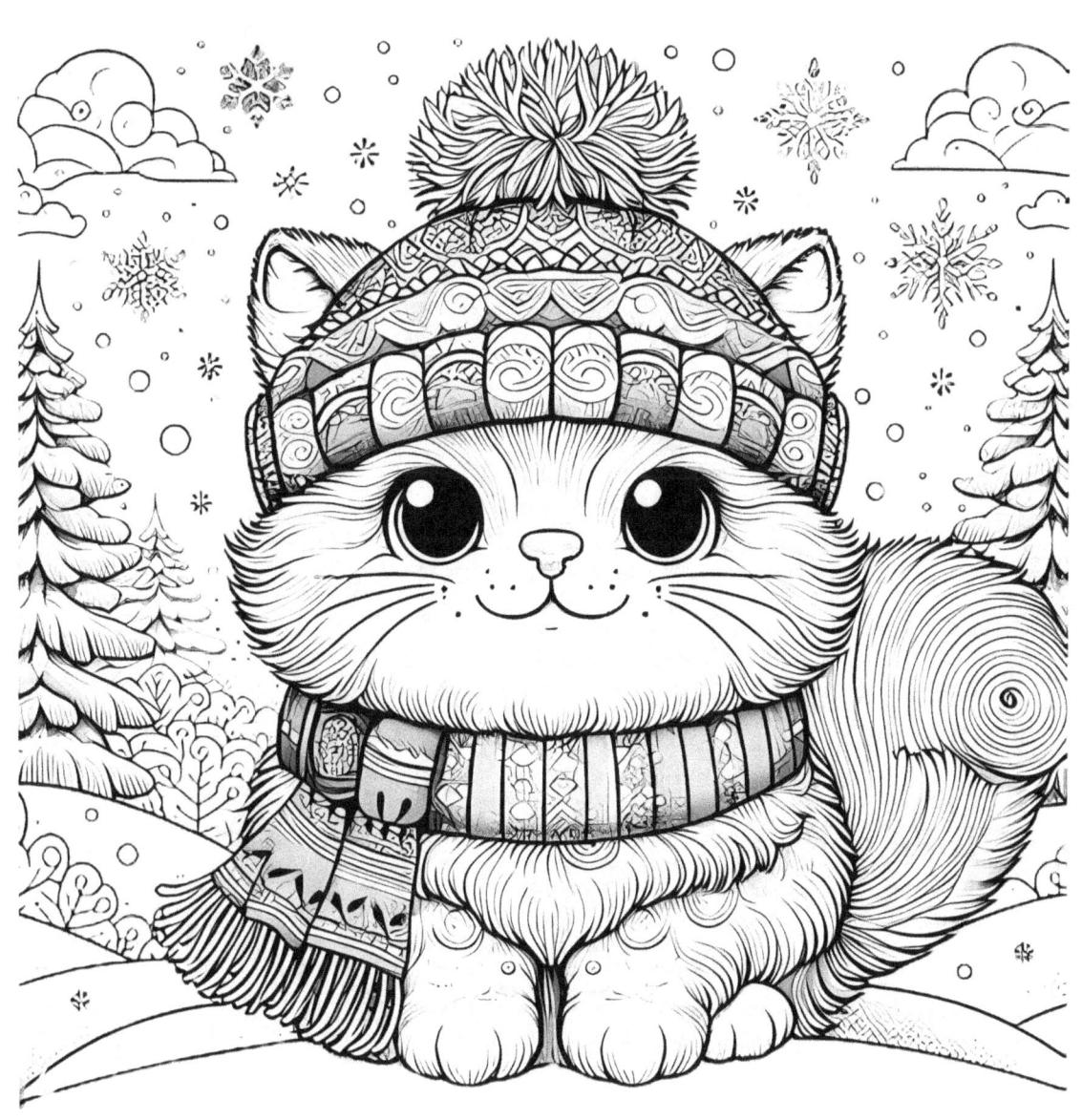

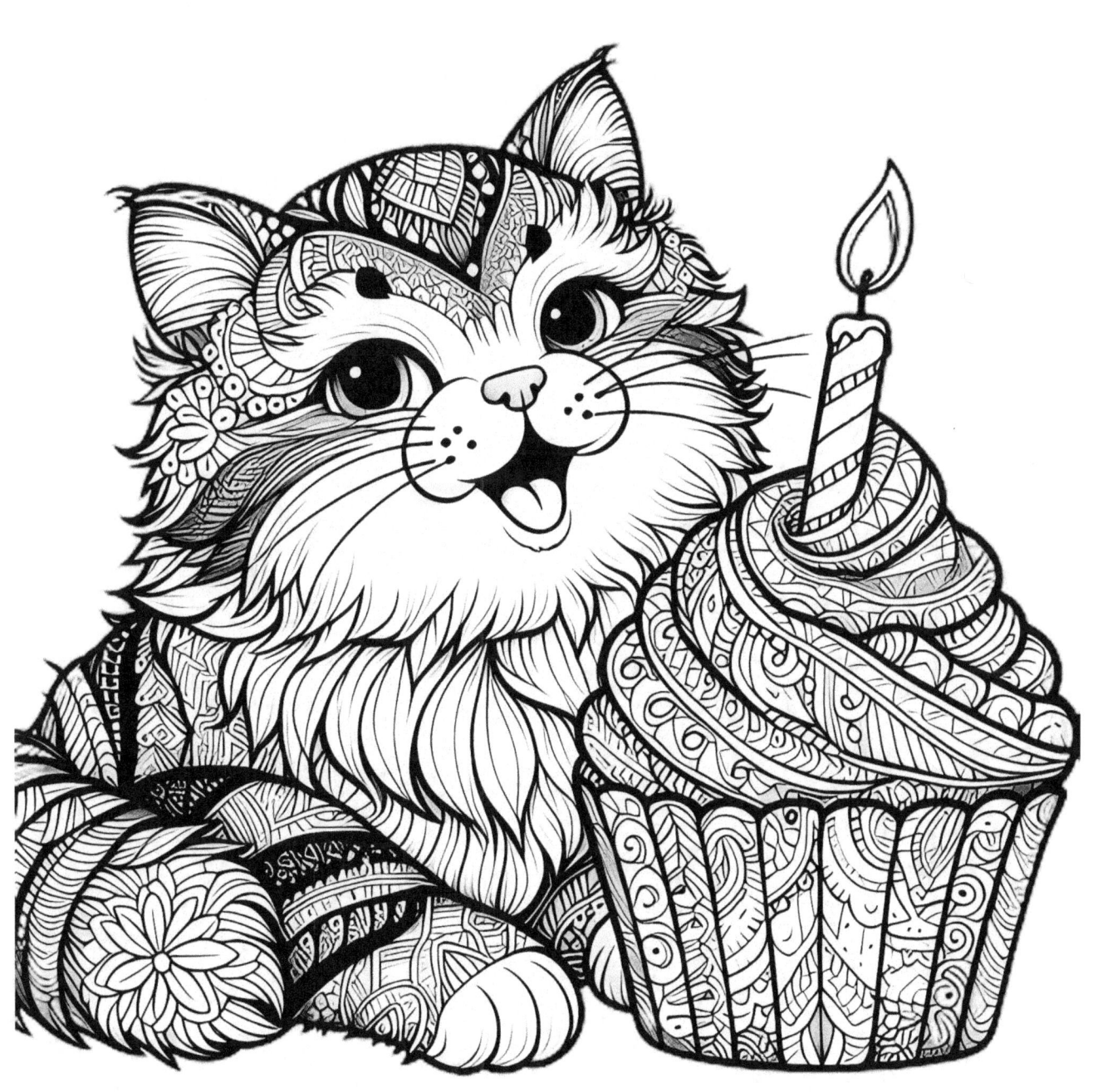

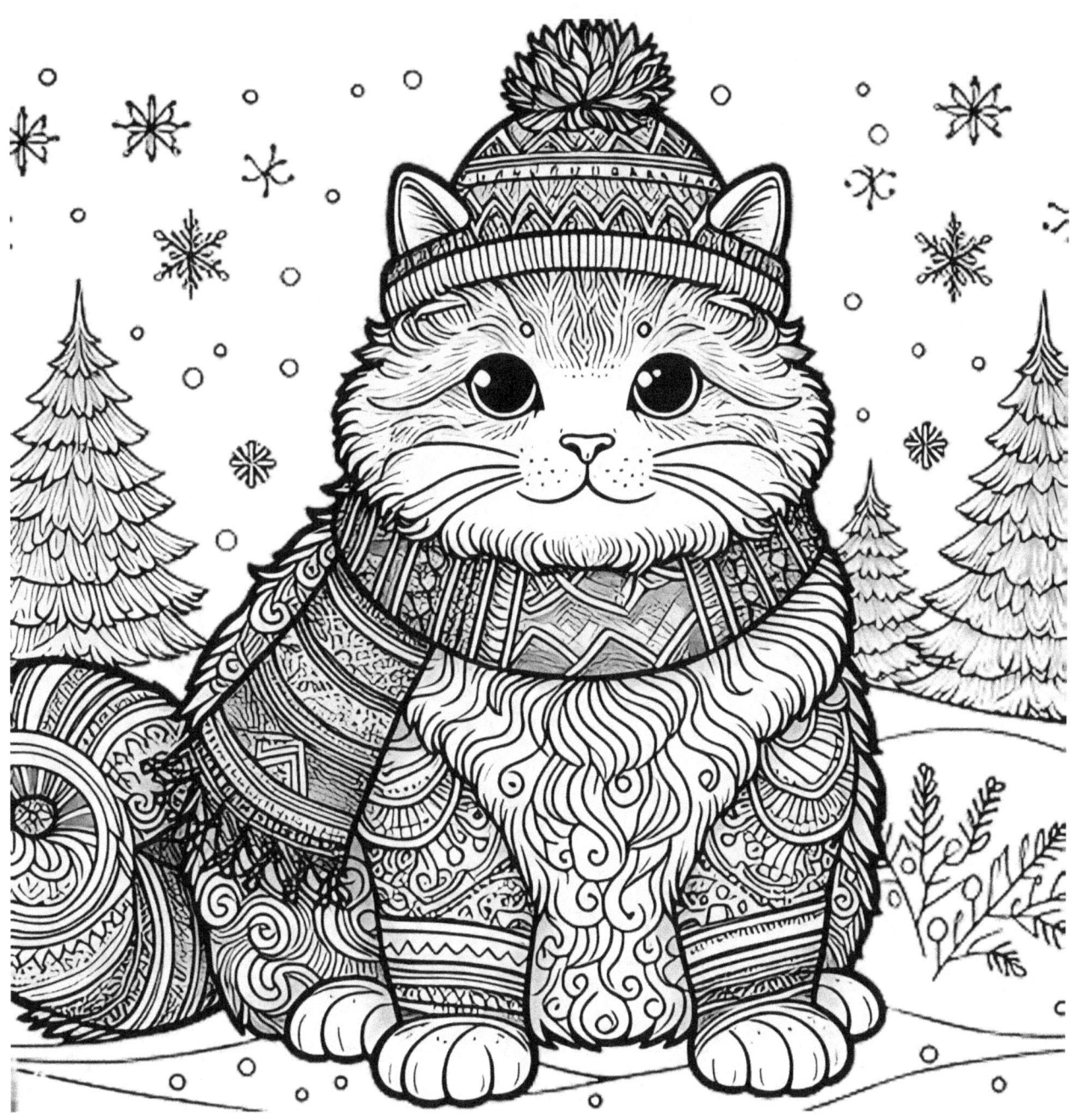

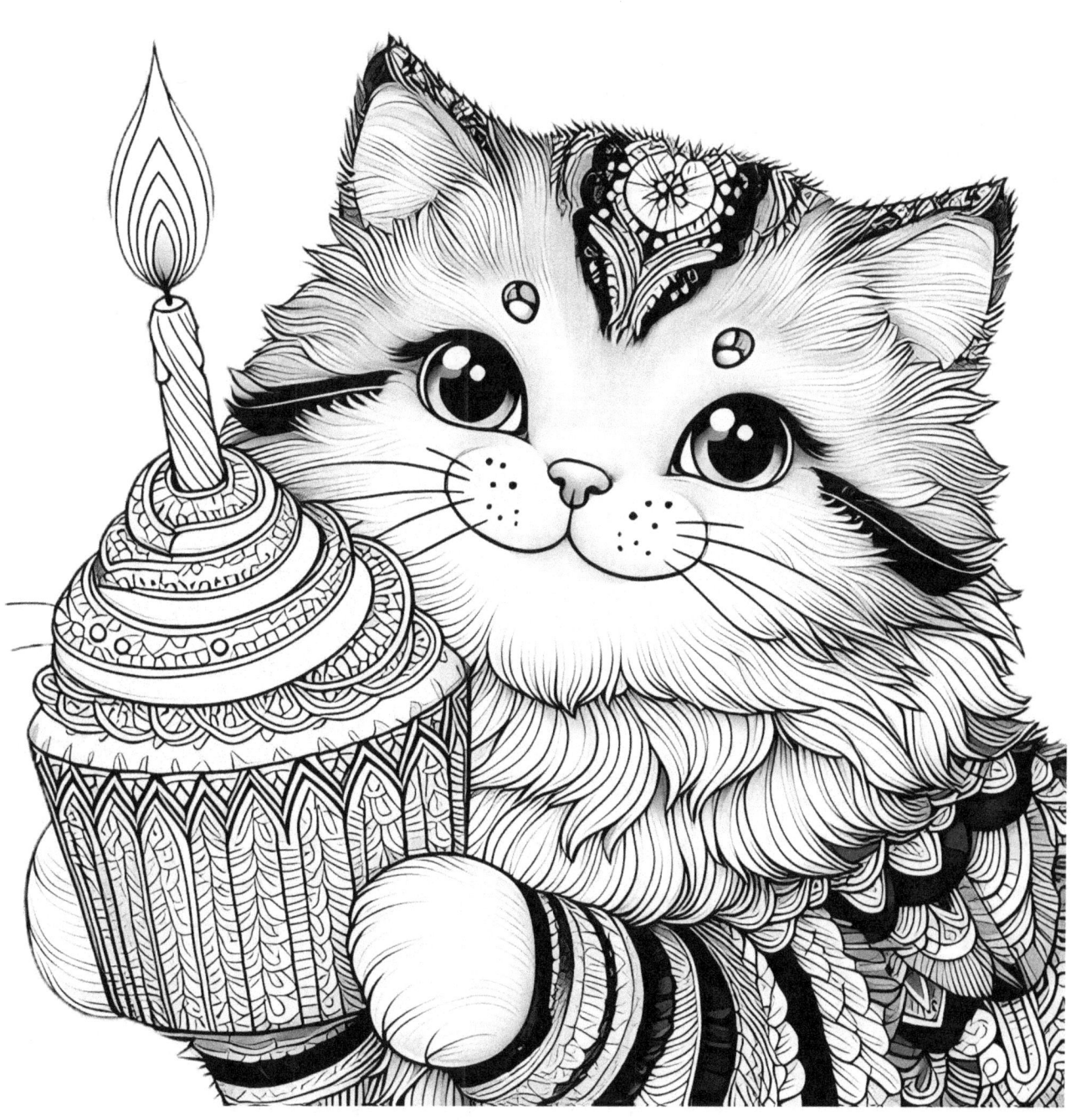

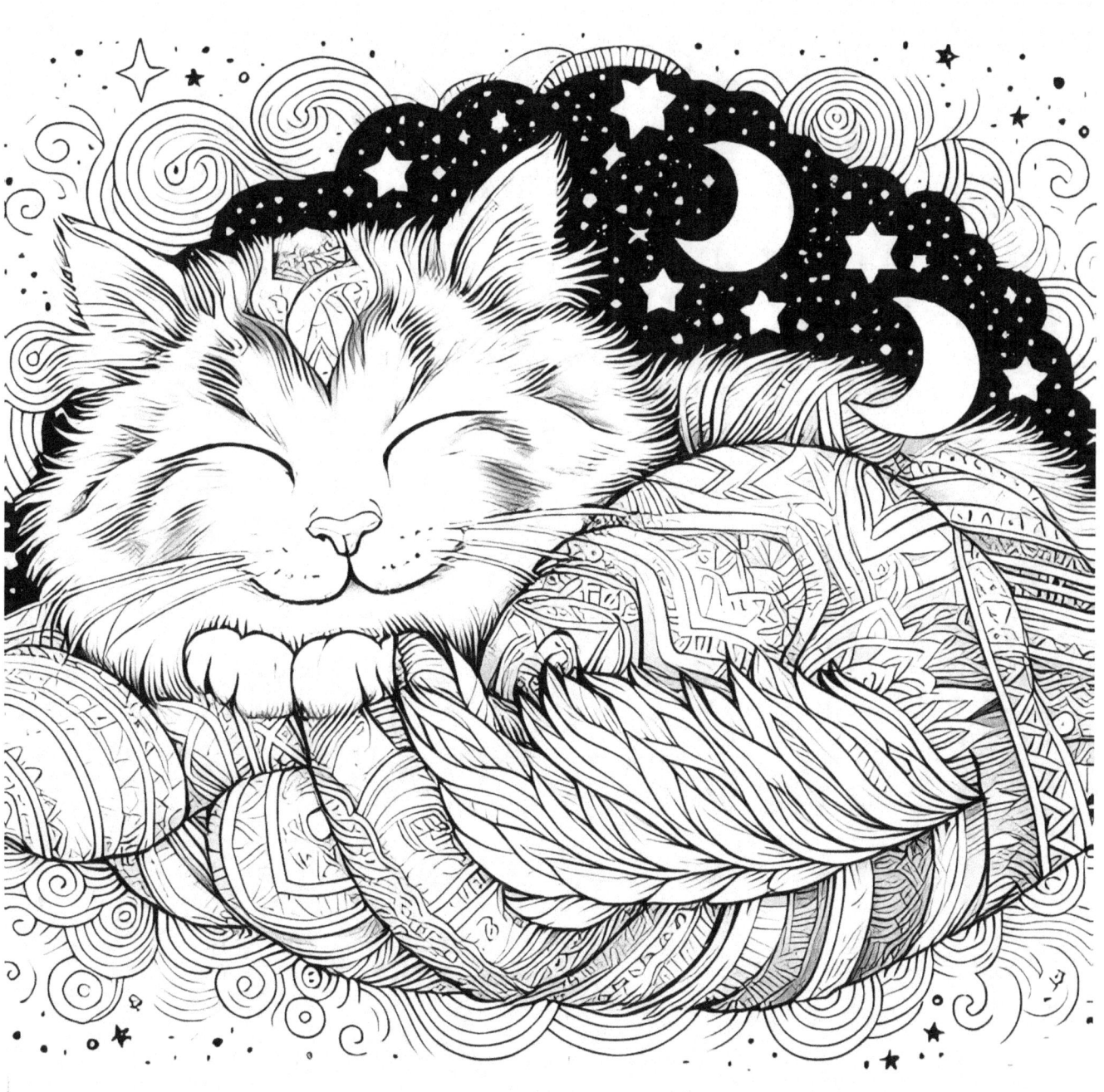

COLOR TEST PAGE

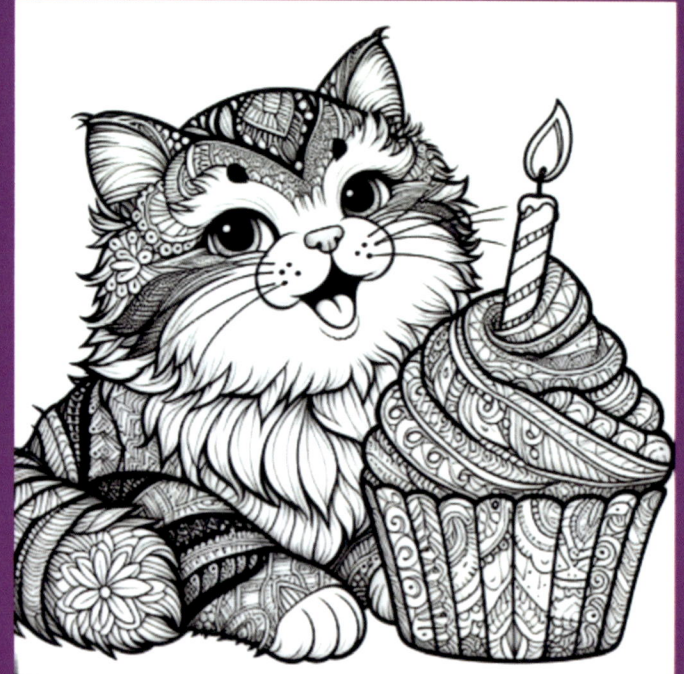

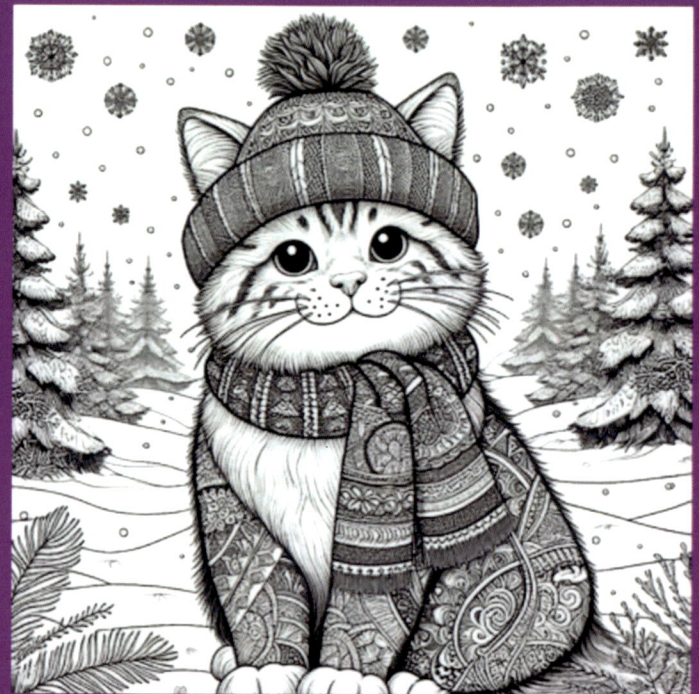

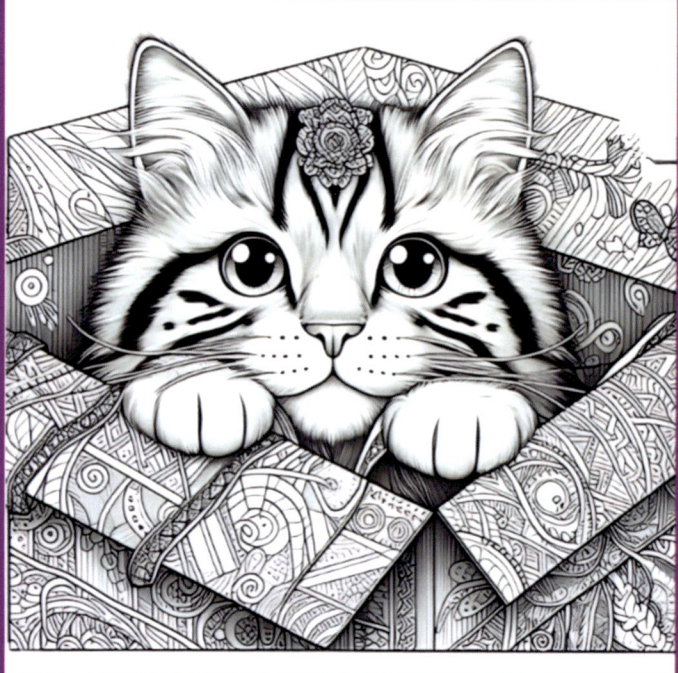

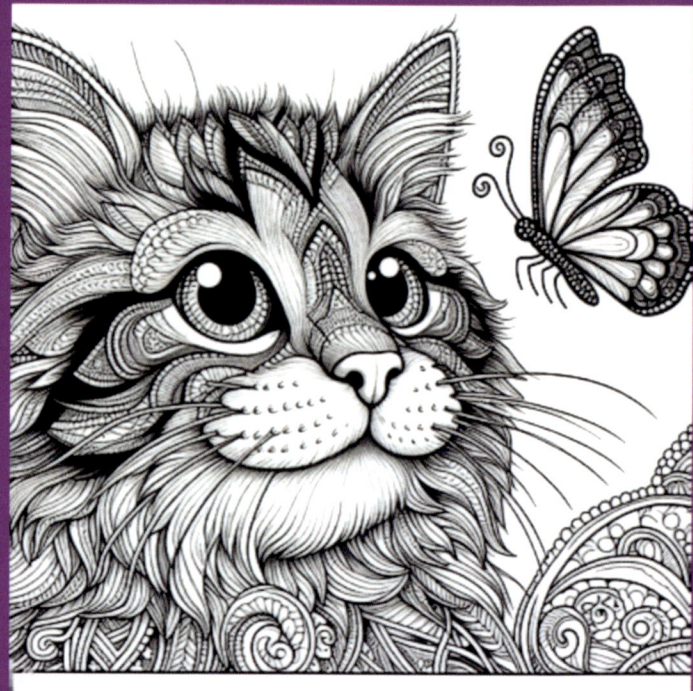

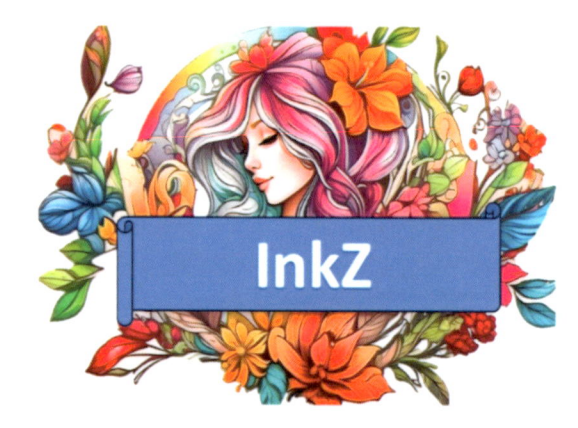

InkZ

ISBN 9798327819238

90000

9 798327 819238

Coloreando el alma

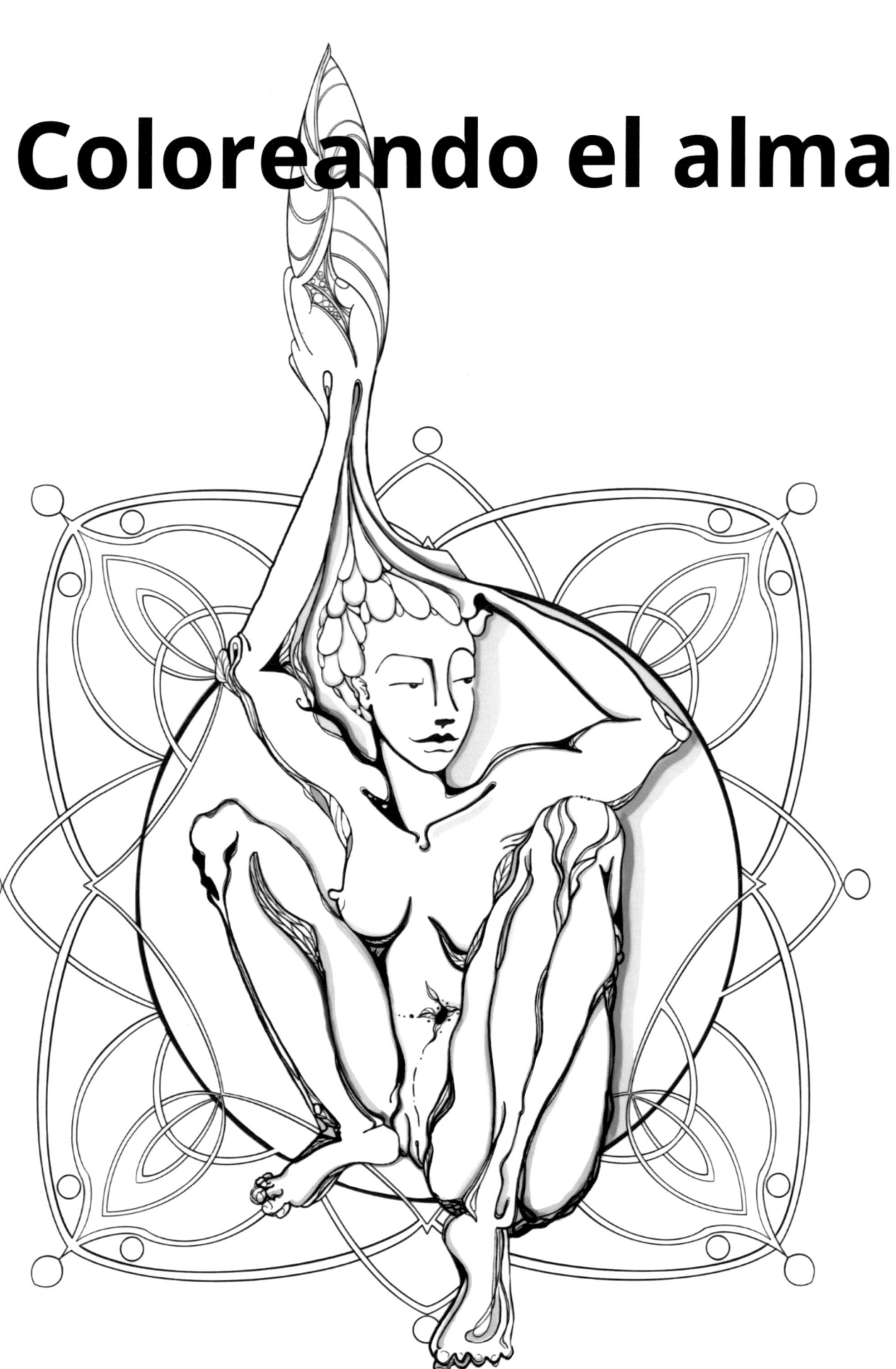